rororo sport
Herausgegeben von Bernd Gottwald

Wend-Uwe Boeckh-Behrens
Wolfgang Buskies

Supertrainer
Schultern, Arme, Brust

- *Die effektivsten Übungen*
- *Die besten Programme*
- *Wissenschaftlich getestet*

mit Fotos von Patrick Beier
und Horst Lichte

Rowohlt Taschenbuch Verlag

3. Auflage Januar 2009

Originalausgabe
Veröffentlicht im Rowohlt Taschenbuch Verlag,
Reinbek bei Hamburg, Juli 2005
Copyright © 2005 by Rowohlt Verlag GmbH,
Reinbek bei Hamburg
Redaktion Thorsten Krause
Umschlaggestaltung any.way,
Andreas Pufal
(Foto: visuals/mediacolor's)
Illustrationen Gerda Raichle
Satz Swift und Avenir PostScript
Gesamtherstellung CPI – Clausen & Bosse, Leck
Printed in Germany
ISBN 978 3 499 61070 7

Inhalt

Das neue Training für den Oberkörper 8

Beste Übungen: Aus der Wissenschaft für die Praxis 9

Unverzichtbar: Für Fitnessbegeisterte, Sportler und Lehrende 10

Die optimale Trainingsmethode 12

Entscheidend: Fragen der Trainingsgestaltung 13

Wie viel Gewicht? 13 – Hartes oder sanftes Training? 14 – Welche Übungsausführung? 15 – Wie viele Sätze? 16 – Wie oft pro Woche? 17

Extra: Training für Fortgeschrittene und Leistungssportler 19

Intensivierung der Einzelwiederholung 19 – Intensivierung des Satzes 21 – Intensivierung durch Serienkopplung 25 – Intensivierung bzw. Optimierung der Trainingseinheit oder des Trainingsabschnitts 27

Erfolgreich: Training mit den besten Übungen 30

Die besten Übungen für den Schultergürtel 34

Schwerpunkt: Großer Brustmuskel 35

Funktion und Training 35 – Top 13 für den großen Brustmuskel 37 – Die besten Übungen im Detail 44

Schwerpunkt: Deltamuskel 55

Funktion und Training 55 – Top 7 für den Deltamuskel, vorderer Anteil 56 – Die besten Übungen im Detail 57 – Top 6 für den Deltamuskel, mittlerer Anteil 64 – Die besten Übungen im Detail 69 –

Top 6 für den Deltamuskel, hinterer Anteil 74 – Die besten Übungen im Detail 77

Schwerpunkt: Rotatorenmanschette 80

Funktion und Training 80 – Top 4 für die Außenrotatoren (Untergrätenmuskel) 83 – Die besten Übungen im Detail 85 – Innenrotatoren 90 – Die besten Übungen im Detail 92

Zusatz-Info: Weitere Muskeln des Schultergürtels 94

Die besten Übungen für den Kapuzenmuskel 94 – Die besten Übungen für den breiten Rückenmuskel 97

Schwerpunkt: Vorderer Sägemuskel 100

Funktion und Training 100 – Top 6 für den vorderen Sägemuskel 101 – Die besten Übungen im Detail 103

Die besten Übungen für die Arme 104

Schwerpunkt: Bizeps 105

Funktion und Training 105 – Top 8 für den Bizeps 107 – Die besten Übungen im Detail 111

Schwerpunkt: Oberarmspeichenmuskel 118

Funktion und Training 118 – Top 6 für den Oberarmspeichenmuskel 119 – Die besten Übungen im Detail 123

Schwerpunkt: Trizeps 125

Funktion und Training 125 – Top 6 für den Trizeps 126 – Die besten Übungen im Detail 130

Die 15-Minuten-Top-Programme für den Oberkörper 138

Trainingstipps: So finden Sie das passende Top-Programm 139

Sanft: 20-Minuten-Top-Programm mit Geräten 141

Sanft für zu Hause: 15-Minuten-Top-Programm ohne Geräte   142

Intensiv: 15-Minuten-Top-Programm mit Geräten   144

Intensiv für zu Hause: 15-Minuten-Top-Programm
ohne Geräte   145

Anhang   146

Literatur   147

Die Autoren   148

Das neue Training für den Oberkörper

Frauen mit einem schönen Dekolleté und wohlgeformten Schultern und Armen sind ebenso attraktiv wie Männer mit einer starken Brust, breiten Schultern und muskulösen Armen. Die gut trainierte Brustmuskulatur hebt die Brust und gibt ihr zusätzliches Volumen. Der Deltamuskel formt die Schultern, und der kräftige Trizeps macht schlaffe Oberarme straff und ansehnlich. Für fast alle Sportarten im Leistungs- und Freizeitsport ist ein kräftiger Oberkörper die notwendige Voraussetzung. Ein gezieltes Training lohnt sich!

Nach den erfolgreichen Büchern *Supertrainer Bauch*, *Beine und Po* sowie *Rücken* schließt der *Supertrainer Oberkörper* die letzte Lücke der erfolgreichen Serie zum effektiven Muskeltraining für einen gesunden Körper. Mit Abschluss der Messungen am Institut für Sportwissenschaft der Universität Bayreuth steht nun eine vollständige Sammlung der effektivsten Übungen für alle Bereiche des Körpers mit optimalen Methoden zur Verfügung.

Beste Übungen: Aus der Wissenschaft für die Praxis

An der Universität Bayreuth wurden bereits über 200 Übungsranglisten erstellt. Die Ergebnisse haben das Krafttraining revolutioniert. Wissenschaftliche Untersuchungen haben die besondere Trainingswirksamkeit der Top-Übungen bewiesen. Wo man bisher auf Erfahrungen und Vermutungen von Athleten und Trainern angewiesen war, liegen nun überprüfbare Forschungsergebnisse vor. Tappen Sie bei Ihrem Training nicht mehr im Dunkeln, sondern nutzen Sie die neuesten Erkenntnisse für die Optimierung Ihres Trainings!

Schwerpunkt dieses Buches sind die auf der Basis von EMG-Messungen erstellten Übungsranglisten für die *Brustmuskulatur*, die *Muskeln des Schultergürtels* und *der Arme* mit genauen Übungsanweisungen. Die besten Übungen werden zu hocheffektiven Kurzprogrammen zusammengefasst, sodass Sie in kürzester Zeit maximale Erfolge erreichen werden.

Unverzichtbar: Für Fitnessbegeisterte, Sportler und Lehrende

Mit dem Supertrainer Oberkörper dringen Sie in eine neue Dimension des Trainings vor. Seine innovativen und praxisnahen Aussagen sind für ein effektives und optimal gestaltetes Muskeltraining unverzichtbar. Er spricht nicht nur erfahrene Sportler und Fitnessbegeisterte an, sondern alle, für die Körperformung, Beschwerdefreiheit und die Leistungsfähigkeit von Bedeutung sind. Fitnessanfänger werden kompetent und ohne Umwege in ein effektives Training eingeführt, und fortgeschrittene Sportler aller Disziplinen erzielen mit Hilfe der hochintensiven Top-Übungen deutliche Leistungsfortschritte.

Für Übungsleiter, Trainer, Fitnessinstruktoren, Sportlehrer, Dozenten, Studierende, Physiotherapeuten und Ärzte ist das Buch eine Fundgrube für neue, alternative und wissenschaftlich überprüfte Übungen sowie eine wichtige Grundlage für die korrekte Vermittlung des neuesten Kenntnisstandes.

Lassen Sie sich durch die raschen Erfolge des Supertrainings für den Oberkörper motivieren!

Wend-Uwe Boeckh-Behrens
Wolfgang Buskies

Das neue Training für den Oberkörper

Die optimale Trainingsmethode

Entscheidend: Fragen der Trainingsgestaltung

Der Trainingserfolg hängt neben der Auswahl der besten Übungen vor allem von der richtigen Trainingsmethode ab. Die Beantwortung der Fragen «Wie viel Gewicht?», «Wie viele Sätze?», «Wie oft pro Woche?» gibt Ihnen Auskunft über die optimale Trainingsmethode.

1. INTENSITÄT:
Wie viel Gewicht/Widerstand?
Sanftes oder hartes Training?
Welche Übungsausführung?

Optimale Trainingsmethode

2. UMFANG:
Wie viele Sätze mit wie vielen Wiederholungen?

3. HÄUFIGKEIT:
Wie oft pro Woche?

Wie viel Gewicht?

Das Gewicht, die Wiederholungszahl und somit die Dauer eines Satzes hängen voneinander ab und werden durch das Trainingsziel festgelegt. Je geringer das gewählte Gewicht, desto mehr Wiederholungen sind möglich, desto länger dauert der Satz. Je höher das Gewicht, desto weniger Wiederholungen sind möglich und desto schneller ist der Satz beendet.

Hartes oder sanftes Training?

Die Intensität, das gewählte Gewicht und die Anstrengung bei der Übungsausführung richten sich nach dem Trainingszustand, der Belastungsverträglichkeit und dem Trainingsziel. Sie können zwischen sanftem und hartem Krafttraining wählen.

Sanftes Krafttraining ist für Trainingseinsteiger besonders geeignet. Beenden Sie dabei den einzelnen Trainingssatz deutlich vor Erreichen der letztmöglichen Wiederholung (Ausbelastung), sobald Sie die Belastung als «mittel bis schwer» wahrnehmen. Den Zeitpunkt zum Abbruch in der Serie bestimmt Ihr subjektives Belastungsempfinden. Wählen Sie als Trainingsanfänger für ein Training der Kraftausdauer das Trainingsgewicht so, dass Sie sich bei der 15. bis 30. Wiederholung etwa «mittel bis schwer» anstrengen. Durch Ausprobieren ist dieses Gewicht leicht zu finden. Beenden Sie hier den Satz, obwohl noch weitere Wiederholungen möglich wären. Neben guten Kraftzuwächsen sind im Vergleich zum Training bis zur letztmöglichen Wiederholung die orthopädische Belastung und die Herz-Kreislauf-Beanspruchung deutlich geringer.

Hartes Krafttraining eignet sich besonders für trainingserfahrene und fortgeschrittene Sportler. Hier trainieren Sie jeden Satz bis zur letztmöglichen Wiederholung oder erhöhen die Intensität durch den Einsatz von Bodybuildingprinzipien noch weiter (vgl. S. 19–29).

Für wen eignet sich sanftes Training?	Für wen eignet sich hartes Training?
• Krafttrainingsanfänger, Kinder und ältere Personen • Personen mit orthopädischen oder internistischen Beschwerden/Risiken, z. B. Rückenbeschwerden • Gesundheitssportler • Fitnesssportler bzw. Personen, die keine harte Belastung wollen • Rehabilitationspatienten	• Kraftsportler/Bodybuilder • Leistungssportler oder leistungsorientierte Fitnesssportler • Gesunde Personen ohne Beschwerden, die sich gerne ausbelasten

Die optimale Trainingsmethode

Welche Übungsausführung?

Nicht allein die gewählte Übung, das Gewicht, die Anzahl der Sätze und die Häufigkeit des Trainings pro Woche bestimmen Ihr Trainingsergebnis. Sie können aus jeder einzelnen Übungswiederholung noch viel mehr herausholen.

Unsere EMG-gestützten Untersuchungen haben ergeben, dass sich während einer kompletten Bewegungsamplitude, z. B. beim Latissimus-Ziehen von der Streckung der Arme bis zur maximalen Beugestellung im Nacken und wieder zurück in die Streckung, Bewegungsabschnitte mit hoher und geringer Muskelspannung abwechseln. Je mehr sich die Zugstange dem Nacken nähert, desto höher ist die Muskelspannung, und je mehr sich die Arme strecken, desto geringer wird die Muskelspannung. Wenn Sie die Phasen der Bewegung mit geringerer Muskelspannung einschränken und die Bewegung so sehr verkürzen, dass Sie immer in den Bewegungsbereichen mit hoher Spannung trainieren, erzielen Sie einen deutlich größeren Trainingseffekt. Eine Übungsausführung mit Teilbewegungen beim Lat-Ziehen ist somit intensiver und effektiver als ein Training mit kompletter Bewegungsamplitude. Am effektivsten jedoch ist eine *Ausführung mit Endkontraktionen*, bei der der Muskel maximal kontrahiert wird (isometrische Kontraktion) und zusätzliche Endkontraktionen (verstärkende Kontraktionsimpulse durch minimale Zugbewegungen der Stange zum Nacken) darauf geschaltet werden. Diese Art der Intensivierung ist in der Regel bei allen Zug- und Beugeübungen möglich. Die guten Platzierungen der Übungen mit Endkon-

Komplette Bewegungsamplitude

Teilbewegungen

Endkontraktionen

traktionen in den Übungsranglisten belegen die Effektivität dieser Übungsausführung eindrucksvoll. Aufgrund der hohen Intensitäten sollte diese Methode aber Fortgeschrittenen vorbehalten bleiben.

Wie viele Sätze?

Grundsätzlich unterscheidet man zwischen dem *Einsatztraining*, bei dem pro Muskelgruppe nur ein Trainingssatz (Serie) durchgeführt wird, und dem *Mehrsatztraining*, bei dem pro Muskelgruppe zwei bis fünf oder mehr Sätze durchgeführt werden. Am Institut für Sportwissenschaft der Universität Bayreuth konnten wir im Rahmen mehrerer Studien mit über 300 Probanden neue Erkenntnisse über die Effektivität von Einsatz- und Mehrsatztraining gewinnen: Als Beispiel stellen wir hier den Vergleich eines Einsatz- und Dreisatztrainings bei der Übung Bankdrücken nach fünf Monaten Training vor (zwei Zwischentests nach der 6. und 13. Trainingswoche und eine achtwöchige Trainingspause nach dem Abschlusstest).

Prozentuale Steigerung der Kraftausdauerleistungen beim Einsatz- und Mehrsatztraining während eines fünfmonatigen Muskeltrainings bei der Übung Bankdrücken

Prozentuale Veränderung der Kraftausdauer: Testübung Bankdrücken, n = 150

Die Grafik zeigt die Ergebnisse von 150 Probanden. Der Kraftzuwachs der Einsatztrainingsgruppe betrug in der Kraftausdauer nach 22 Trainingswochen durchschnittlich 144 %. Die Ergebnisse zeigen, dass ein Einsatztraining, zweimal pro Woche ausgeführt, bei Einsteigern und wenig Fortgeschrittenen zumindest in den ersten fünf Monaten sehr gute und kontinuierlich ansteigende Fortschritte bewirkt. Das Dreisatztraining führte für den großen Brustmuskel zu einem etwas größeren Kraftzuwachs von durchschnittlich 183 %. Für wenig leistungsambitionierte Personen ist der Leistungsgewinn eines Einsatztrainings unter Berücksichtigung des geringen Aufwands (zweimal ein Satz pro Woche) und des sehr guten Erfolgs (Kraftsteigerung) ausgezeichnet. Fortgeschrittene werden den Mehraufwand für ein Mehrsatztraining nicht scheuen, um einen höheren Trainingserfolg zu erzielen. Während einer achtwöchigen Trainingspause schwindet die erarbeitete Kraft gewaltig. Dabei erweist sich der Trainingsgewinn des Dreisatztrainings nicht als stabiler als der des Einsatztrainings. Die überragende Bedeutung eines kontinuierlichen Trainings ohne längere Unterbrechungen wird damit unterstrichen.

Für wen eignet sich Einsatztraining?	Für wen eignet sich Mehrsatztraining?
• Krafttrainingsanfänger und Neueinsteiger, die mit dieser Trainingsform bereits hohe Kraftgewinne erzielen können. • Krafttrainierte, die mit wenig Zeitaufwand ihre Leistungsfähigkeit erhalten wollen. • Personen, die nur wenig Zeit investieren wollen/können, dennoch aber spürbare Krafteffekte erzielen wollen.	• Krafttrainierte, die ihre Leistung optimal verbessern wollen. • Personen, die Spaß daran haben, mehrere Sätze einer Übung auszuführen. • Personen, die durch einen größeren Trainingsumfang mehr Körperfett verbrennen wollen.

Wie oft pro Woche?

Die Anzahl der Trainingseinheiten pro Woche richtet sich nach dem Trainingsziel und dem Trainingszustand. Grundsätzlich gilt, dass nur regelmäßiges Krafttraining zu den gewünschten Ergebnissen führt. Unsere Untersuchungen haben gezeigt, dass bereits ein einmal in der Woche durchgeführtes Einsatztraining bei Untrainierten zu substanziellen Kraftzuwächsen führt. Ein zweimal wöchentlich absolviertes Einsatztraining pro Muskelgruppe bewirkt allerdings deutlich größere Kraftsteigerungen, während ein dreimaliges Einsatztraining pro Woche nur geringfügig bessere Ergebnisse ergab als ein zweimaliges Training. Unter Berücksichtigung von Aufwand und Erfolg ist für Nicht-Leistungssportler ein zweimaliges Einsatztraining pro Woche günstig. Leistungssportler (z. B. Bodybuilder) trainieren ihre Kraft bis zu sechsmal pro Woche, wobei dann ein Split-Training durchgeführt wird (s. S. 27). Auch die Satzzahl pro Übung ist dabei deutlich erhöht.

Belastungsdosierung in Abhängigkeit vom Trainingsziel
(A = Anfänger, F = Fortgeschrittene)

		Trainingsziel		
		Kraftausdauer	Muskelaufbau	Maximalkraft
Wiederholungen		15–30	⇐ 5–15 ⇒	1–5
Belastungszeit (Sek)		45–90	15–45	3–15
Sätze (Serien pro Übung)	A	1	1	–
	F	2–5	2–5 und mehr	3–5
Intensität	A	sanft	sanft	–
	F	sanft oder hart	sanft oder hart	hart
Trainingseinheiten pro Woche	A	1	2	–
	F	2–3 ohne Splitting 4–6 mit Splitting	2–3 ohne Splitting 4–6 mit Splitting	1–3

Extra: Training für Fortgeschrittene und Leistungssportler

Wenn Sie Erfahrung mit Krafttraining haben, können Sie auch ein sehr intensives Training nach *leistungssportlichen Kriterien* und *Prinzipien des Bodybuildings* durchführen. Die Trainingsvarianten basieren auf Erfahrungen des Leistungsbodybuildings in Anlehnung an den Nestor des amerikanischen Bodybuildings, Joe Weider, sowie z. T. auf unserer EMG-Forschung. Voraussetzungen für ein Training nach Bodybuildingprinzipien sind ein gesundes Herz-Kreislauf-System und ein intakter, beschwerdefreier Bewegungsapparat. Eine Trainingsintensivierung durch Bodybuildingprinzipien beinhaltet aus gesundheitlicher Sicht jedoch auch Gefahrenmomente wie z. B. sehr hohe Blutdruckspitzen, Pressatmung und eine starke orthopädische Beanspruchung. Die Ausrichtung des Trainings nach den Grundsätzen für Fortgeschrittene sollten Sie erst nach Erreichen einer soliden Basis durch systematisches und regelmäßiges Training unter Berücksichtigung der allgemeinen Trainingsrichtlinien in Erwägung ziehen. Dann können Sie die einzelnen Prinzipien schrittweise in Ihr Trainingsprogramm integrieren. Für gesundheitsorientierte Fitnesssportler ist es jedoch nicht notwendig, Bodybuildingprinzipien anzuwenden.

Die Methodenvarianten werden in vier Kategorien eingeteilt: *Intensivierung der Einzelwiederholung, Intensivierung des Satzes, Intensivierung durch Serienkopplung* und *Intensivierung bzw. Optimierung der Trainingseinheit oder eines Trainingsabschnitts.*

Intensivierung der Einzelwiederholung

Die Intensität der einzelnen Wiederholung können Sie mittels folgender Prinzipien wahlweise oder in Kombination erhöhen:

Peak contraction (Höchstkontraktion)
Es erfolgt eine Intensivierung der einzelnen Wiederholung durch zusätzliche maximale isometrische (statische) Muskelspannung für zwei bis drei Sekunden am Bewegungsendpunkt (peak contraction) bzw. am Punkt der höchsten Muskelaktivierung.

Stutter repetition (Stotterwiederholung)

Hier wird das Gewicht innerhalb einer Wiederholung zunächst um etwa ein Drittel vom gesamtem Bewegungsspielraum angehoben, dann einige Zentimeter abgesenkt, wieder ein Drittel nach oben bewegt und erneut ein wenig gesenkt usw., bis der volle Bewegungsspielraum ausgeschöpft ist.

Cheating (abgefälschte Wiederholungen)

Unter diesem Prinzip wird das Abfälschen der Bewegung (cheating = mogeln) verstanden, indem z. B. der schwierigste Punkt einer Bewegung mit Schwung überwunden wird, wenn keine korrekte Ausführung mehr möglich ist.

Burns oder Partial reps (brennende Teilbewegungen bzw. Schmerzwiederholungen)

Wenn keine korrekte Wiederholung mit ganzer Bewegungsamplitude mehr möglich ist, erfolgt eine Durchführung von Teilbewegungen in dem noch möglichen verkürzten Bewegungsbereich (Burns).

Teilbewegungen

Hier wird die Bewegungsamplitude auf den Bewegungsteil mit hoher Muskelaktivierung verkürzt. Beim Latissimus-Ziehen (s. S. 15) z. B. ist dies der Bereich von einem Ellbogenwinkel von 90° bis zum Nacken.

Endkontraktionen

Bei Beuge- und Zugübungen können Sie die Intensität durch mehrere Nachkontraktionen (Endkontraktionen) bei sehr kleinem Bewegungsausschlag in der Position des stärksten Krafteinsatzes deutlich erhöhen, beim Latissi-

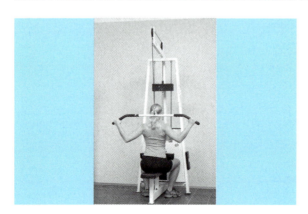

mus-Ziehen (s. S. 15) z. B. durch minimale Zugbewegungen mit der Stange in den Nacken.

Teilbewegungen in Dehnstellung des Muskels

Bei Druck- und Streckübungen erfolgt eine Intensitätserhöhung durch kurze Teilbewegungen in der Dehnposition des Muskels. Bei Kurzhantel-Flys (s. S. 53) ist dies z. B. bei fast ausgebreiteten Armen der Fall.

Verlangsamung der Ausführungsgeschwindigkeit

Sie können die Intensität auch durch eine sehr langsame Bewegungsausführung erhöhen. Sinnvoll ist dies jedoch nur bei den Bewegungsabschnitten mit hoher Muskelaktivierung.

Intensivierung des Satzes

Last repetition (letzte Wiederholung)

Der Satz wird erst beendet, wenn der Muskel erschöpft ist, d. h. wenn keine weitere Wiederholung mehr möglich ist. Wenn der Muskel bereits müde ist, gilt der Grundsatz: «three reps more» (noch drei Wiederholungen).

Isolation principle (Isolationsprinzip)

Das Isolationsprinzip besagt, dass der zu trainierende Muskel bei einer Übung möglichst isoliert beansprucht wird, d. h. die Hauptarbeit leistet. Der Konzentrations-Bizepscurl einarmig mit Kurzhantel (s. S. 112) stellt z. B. eine stark isolierende Bizepsübung dar.

Forced repetitions (erzwungene oder Intensivwiederholungen)

Bei Ermüdung am Ende eines Satzes – wenn keine weitere Wiederholung mehr möglich ist – können Sie den Muskel noch intensiver belasten, indem der Widerstand durch Eigenhilfe, Partnerhilfe bzw. durch die Verwendung kleinerer Gewichte verringert wird. Das Heben des Gewichts wird gerade so viel unterstützt, dass zusätzliche Wiederholungen möglich werden, wie folgende Beispiele zeigen:

FORCED REPETITIONS MIT EIGENHILFE

- Beim einarmigen Bizepscurl mit der Kurzhantel z. B. unterstützen Sie den ermüdeten Arm mit der freien Hand, um weitere Wiederholungen zu ermöglichen.

Forced repetitions mit Eigenhilfe

FORCED REPETITIONS MIT PARTNERHILFE

- Dosierte Unterstützung beim Klimmziehen z. B. durch einen Partner oder Stützbeugen durch den Einsatz der Beine.
- Der Partner hilft Ihnen z. B. beim Bankdrücken, Nackendrücken oder Latissimus-Ziehen durch Zug in der Mitte der Hantelstange oder des Bügels.

Die optimale Trainingsmethode

Forced repetitions mit Partnerhilfe

FORCED REPETITIONS DURCH GEWICHTSREDUKTION

- Stripping principle: Gewichtsreduktion durch Verringerung der Last, z. B. beim Bankdrücken ziehen zwei Partner gleichzeitig Gewichtsscheiben von der Langhantel ab, wenn mit dem Anfangsgewicht keine Wiederholung mehr möglich ist.
- Bombing and blitzing: Sobald mit dem Anfangsgewicht keine Wiederholung mehr möglich ist, können zusätzliche Wiederholungen mit leichteren Gewichten absolviert werden (z. B. leichtere Kurzhanteln oder Stecken leichterer Gewichte an Kraftmaschinen).

Bombing and blitzing

Rest-Pause-Training (RPT – progressive Intervalle)

Bei dieser Trainingsvariante wählen Sie ein so hohes Gewicht, dass maximal nur eine bis zwei Wiederholungen möglich sind. Nach einer kurzen Pause von zehn bis 15 Sekunden versuchen Sie das gleiche Gewicht noch einmal zu bewältigen. In der Regel werden vier RPT-Wiederholungen empfohlen. Da die Kraft nachlässt, müssen Sie ab der dritten RPT-Wiederholung entweder das Gewicht verringern oder eine erzwungene Wiederholung z. B. mit Partner durchführen. So können Sie mit quasi maximalen Lasten im Satz mit kurzen Unterbrechungen etwa vier bis sechs Wiederholungen absolvieren.

Negatives (Negativwiederholungen)

Beim Absenken von Lasten (exzentrischer oder negativer Teil der Bewegung) kann der Muskel mehr Kraft entwickeln als beim Überwinden eines Widerstands (konzentrischer oder positiver Teil). Daher kann bei negativen Wiederholungen mit Überlastgewichten trainiert werden, d. h. mit mehr als 100 % der konzentrischen Maximalkraft. Im konzentrischen (positiven) Teil der Bewegung wird dabei der arbeitende Muskel durch Eigen- oder Partnerhilfe unterstützt, im exzentrischen (negativen) Teil wird die Bewegung allein langsam und kontrolliert durchgeführt. Negativwiederholungen können auch am Satzende durch erzwungene Wiederholungen absolviert werden, wenn ohne Hilfe keine Wiederholung mehr möglich ist. Die negative Komponente kann dabei noch verstärkt werden, indem der Partner in dieser Phase der Bewegung zusätzlich Druck auf das Gewicht ausübt (beim Bankdrücken z. B. Druck auf die Stange beim Ablassen der Hantel). Beispiele:

- Beim einarmigen Bizepscurl kann der Trainierende mit dem freien Arm das Heben der Kurzhantel unterstützen (konzentrisch), das Ablassen (exzentrisch) erfolgt ohne Unterstützung.
- Beim Langhanteldrücken können ein oder zwei Partner beim Ausstoßen des Gewichts mithelfen (konzentrisch), das Absenken des Gewichts (exzentrisch) wird von dem Trainierenden allein durchgeführt.

Negatives beim einarmigen Bizepscurl

Die optimale Trainingsmethode

Negatives beim Langhanteldrücken

Intensivierung durch Serienkopplung

Super set (Supersatz) und Flushing principle (Durchblutungsprinzip)

Unter Supersatz wird ein Training eines Muskels (Agonist) und seines Gegenspielers (Antagonist) ohne Pause verstanden, d. h., es wird zuerst ein Satz einer Übung für den Agonisten und anschließend ein Satz einer Übung für den Antagonisten durchgeführt. Ein Belastungswechsel von Muskeln mit entgegengesetzter Funktion (z. B. Ellbogenstrecker und Ellbogenbeuger) führt zu einer intensiveren Durchblutung der trainierten Körperpartie und zu einem starken Aufpumpeffekt (flushing). Eine besonders intensive Variante ist der doppelte Supersatz (eine Variante der Giant Sets, vgl. unten), bei dem je zwei Übungen für eine Muskelgruppe im Wechsel mit zwei Übungen für den Antagonisten durchgeführt werden. So können z. B. ohne Pause die Übungen Latissimus-Ziehen, Bankdrücken, Rudern und Kabelzüge über Kreuz aneinander gereiht werden.

Compound-Sets, Tri-Sets, Giant Sets (verbundene Sätze, Dreifachsätze, Mammutsätze)

Hier handelt es sich um die Durchführung mehrerer Sätze für eine Muskelgruppe ohne oder mit minimalen Pausen in Folge. Es gibt für das Training einer Muskelgruppe mehrere sinnvolle Übungen, z. B. für die Brustmuskulatur die Übungen Kabelzüge über Kreuz, Bankdrücken und Butterfly. Die Übungen belasten immer denselben Muskel, wenn auch mit unterschiedlicher Betonung einzelner Muskelanteile. Werden zwei Übungen für eine

Muskelgruppe hintereinander durchgeführt (z. B. ein Satz Bankdrücken bis zur letztmöglichen Wiederholung und direkt im Anschluss ein Satz Butterfly bis zur letztmöglichen Wiederholung), so handelt es sich um Compound Sets (Supersatz für einen Muskel), bei drei Übungen um Tri-Sets und bei vier bis sechs Übungen um Giant Sets.

Interrupted Sets (Prinzip der unterbrochenen Satzfolge)

Unterbrochene Satzfolgen werden meistens gegen die Monotonie im Training durchgeführt. Zum Erhalt der Trainingsmotivation können Sie Trainingsübungen für eine Muskelgruppe in das übrige Training einstreuen. So können Sie z. B. zehn bis zwanzig Bauchmuskelsätze in einer Trainingseinheit absolvieren, indem Sie nach jedem bzw. jedem zweiten Satz der normalen Übungen des Trainingsprogramms, z. B. Bankdrücken, Butterfly usw., einen Satz für die Bauchmuskulatur einschieben.

Pre-Exhaustion-Principle (Prinzip der Vorermüdung)

Beim Prinzip der Vorermüdung ermüden Sie den Hauptmuskel zunächst isoliert, bevor Sie Komplexübungen unter Beteiligung mehrere Muskeln durchführen. Beim Bankdrücken (s. S. 45) werden z. B. neben der Brustmuskulatur der Trizeps und der vordere Deltaanteil eingesetzt, wobei die Brustmuskulatur im Rahmen dieser Übung die stärkste Muskelgruppe darstellt. Wenn der vordere Deltaanteil bzw. der Trizeps vorzeitig ermüden, muss der Satz beendet werden, obwohl die Brustmuskulatur noch nicht erschöpft wurde. In diesem Fall könnten Sie erst die Übung Butterfly zur Vorermüdung der Brustmuskulatur durchführen, damit Ihre Brustmuskulatur im Anschluss beim Bankdrücken aufgrund ihres vorermüdeten Zustands maximal beansprucht werden kann.

Eclectic principle (Auswahlprinzip)

Hierbei werden mehrere Sätze von verschiedenen Übungen für eine Muskelgruppe mit normaler Serienpause durchgeführt. Es beginnt mit einer Satzfolge der Übung, die den Muskel am meisten beansprucht (z. B. nach der EMG-Rangliste). Anschließend erfolgen mehrere Sätze einer zweiten, dritten und ggf. weiteren Übung, die gleichfalls den Muskel beanspruchen, die aber weniger intensiv sind. Ein Beispiel für die Brustmuskulatur könnte wie folgt aussehen: fünf Sätze Kabelziehen über Kreuz im Liegen, anschließend zwei Sätze im Stand, zwei Sätze horizontales Bankdrücken und zwei Sätze Butterfly.

Intensivierung bzw. Optimierung der Trainingseinheit oder des Trainingsabschnitts

Priority principle (Prioritätsprinzip)
Priority principle bedeutet, dass Sie die wichtigsten Muskelgruppen zuerst trainieren, wenn der Organismus noch nicht ermüdet ist. Bodybuilder trainieren häufig zu Beginn der Trainingseinheit ihre «Schwachstellen», weil dann noch eine hohe Motivation und Konzentration gegeben ist.

Instinctive principle (Instinktprinzip)
Erfahrene Athleten trainieren auch nach Gefühl, da sie sensibel für die Signale des Körpers sind (instinctive principle, Individualisierung des Trainings). Obwohl in der Regel nach einem Trainingsplan trainiert wird, beachtet der Trainierende sein Körperempfinden und modifiziert dementsprechend sein Training (z.B. Veränderung der Reihenfolge von Trainingsübungen im Vergleich zum Trainingsplan).

Isotension principle (Isotensionsprinzip)
Bei dieser Trainingsvariante spannen Sie in den Pausen zwischen den Sätzen die Muskeln acht bis zehn Sekunden wie beim Posen intensiv isometrisch an. Das Isotensionsprinzip kann auch eine gesamte Trainingseinheit bestimmen. Dabei führen Sie dreißig bis vierzig Wiederholungen pro Muskelgruppe mit jeweils zehn Sekunden Pause durch.

Split-System principle (Split-Prinzip)
Bei mehr als drei Trainingseinheiten pro Woche mit drei Sätzen oder mehr pro Übung sollten Sie nach dem Split-Prinzip trainieren. Während Anfänger in einer Trainingseinheit mit einem Umfang von 15 bis zwanzig Sätzen alle Muskelgruppen des Körpers trainieren können, weil sie nur einen bis zwei Sätze pro Muskelgruppe absolvieren, benötigen die meisten Fortgeschrittenen mehrere Übungen und Sätze, um weitere Leistungssteigerungen zu erzielen. Da es jedoch auch für erfahrene Athleten nicht sinnvoll ist, die Trainingseinheit wesentlich länger als 90 bis 120 Minuten auszudehnen und die Anzahl der Sätze deutlich über dreißig zu erhöhen, bietet es sich an, einen Teil der Muskulatur des Körpers in einer Trainingseinheit und den anderen Teil in einer anderen Trainingseinheit zu trainieren. Bei vier Trainingsein-

heiten pro Woche können z. B. zweimal primär der Oberkörper und zweimal schwerpunktmäßig die untere Extremität trainiert werden (Einfach-Splitting), bei sechs Trainingseinheiten wöchentlich je dreimal. Der Körper kann aber auch in drei Teile unterteilt werden, die jeweils im Wechsel beansprucht werden (Doppel-Splitting). Durch das Split-System kann einerseits ein größerer Umfang pro Muskelgruppe in der Trainingseinheit absolviert werden, andererseits sind längere Pausen für den Muskel bis zur nächsten Beanspruchung gegeben. Viele Bodybuilder teilen ihr Training häufig in sechs verschiedene Trainingseinheiten auf (ein Tag Ruhepause), d. h., es dauert eine Woche, bis sie wieder das gleiche Trainingsprogramm absolvieren.

Beispiel für ein Doppel-Split-Programm
Jede große Muskelgruppe wird zweimal pro Woche trainiert

Montag/Donnerstag	Dienstag/Freitag	Mittwoch/Samstag
• Latissimus • oberer Rücken • Bizeps • Deltamuskel, hinterer Anteil	• Bauchmuskeln • Brust • Deltamuskel, vorderer und mittlerer Anteil • Trizeps	• Gesäß • Beine • unterer Rücken

Beispiel für ein Einfach-Split-Programm
Jede große Muskelgruppe wird dreimal pro Woche trainiert

Montag/Mittwoch/Freitag	Dienstag/Donnerstag/Samstag
• Bauchmuskeln (intensiv) • Beine • Gesäß • unterer Rücken	• Bauchmuskeln (leicht) • Brust • oberer Rücken • Oberarme • Unterarme

Die Einteilung der Übungen erfolgt nach anatomischen und funktionsspezifischen Gesichtspunkten, die sich auch aufgrund unserer EMG-Untersuchungen ergeben haben. So beanspruchen z. B. Ruderübungen und Reverse-Flys sowohl den Latissimus als auch die Muskeln des oberen Rückens, den Bizeps und den hinteren Anteil des Deltamuskels (vgl. Doppel-Split-Programm, Montag/Donnerstag).

Progressive loading – Overload principle (Prinzip der fortschreitenden Belastungserhöhung – Überlastprinzip)

Voraussetzung für eine Leistungssteigerung ist, dass die Belastung immer an das aktuelle Leistungsniveau angepasst wird, d. h., mit fortschreitendem Kraftzuwachs muss auch der Widerstand (das Gewicht) erhöht werden.

Muscle confusion oder Variation principle (Muskelkonfusion oder Variationsprinzip)

Sie sollten Ihr Trainingsprogramm spätestens alle acht bis zwölf Wochen durch Veränderung z. B. von Übungsauswahl, Ausgangsstellung, Wiederholungs- und/oder Satzzahl, Bewegungstempo oder den Wechsel zwischen intensivem und weniger intensivem Training variieren, denn sonst passt sich die Muskulatur der Belastung an, und ein Leistungszuwachs verlangsamt sich oder bleibt aus.

Erfolgreich:
Training mit den besten Übungen

Experten im Krafttraining sind sich keineswegs einig darüber, welche Übungen für die verschiedenen Muskelgruppen der Brust, der Arme und des Schultergürtels die effektivsten sind. Die Meinungen von Trainern, Athleten und Fachleuten gehen weit auseinander. Wir können die Mutmaßungen und Spekulationen nun beenden. Mit Hilfe elektromyographischer Messungen ist es uns gelungen, die Übungen objektiv miteinander zu vergleichen und für jeden Muskel eine aussagekräftige Übungsrangliste zu erstellen.

Die Intensität der Muskelaktivierung wurde mit Hilfe von EMG-Messungen ermittelt. EMG ist die Abkürzung für Elektro- (elektrische Aktivität), -myo- (myos = griech. Muskel), -graphie (Aufzeichnung). Die Vergleichbarkeit verschiedener Übungen wurde hergestellt durch:

- Homogene Probanden: zehn männliche Sportstudierende (n = 10), Körpergrößenunterschied weniger als zehn Zentimeter (vergleichbare Hebelverhältnisse), Erfahrung im Krafttraining, Körperfettanteil gering (Durchschnitt 13 %).
- Standardisierung der Intensität: Bei Übungen mit Gewichten oder Maschinen wurde der Widerstand so gewählt, dass maximal zwölf Wiederholungen möglich sind. Bei manchen Übungen mit dem eigenen Körpergewicht wurde die Intensität über die Zeitdauer der Belastung standardisiert. Es wurde eine Ausführungsvariante gewählt, die eine Übungsdauer von etwa dreißig Sekunden ermöglichte, weil die Übungsdauer von zwölf Wiederholungen etwa dreißig Sekunden beträgt, wie wir in eigenen Untersuchungen feststellen konnten.
  Eine Standardisierung über die Zeitdauer wurde auch bei der Übungsausführung mit «Endkontraktionen» vorgenommen.
  Bei einigen Übungen mit dem eigenen Körpergewicht und bei statischen Halteübungen ohne Gewichte war keine Standardisierung der Intensität möglich und erwünscht. Diese Übungen sind deshalb nicht direkt mit den anderen Übungen vergleichbar.
- Standardisierung des Bewegungstempos: Die Ausführungsgeschwindigkeit war kontrolliert, langsam bis zügig.
- Messgerät: 4-Kanal-EMG-Messgerät ME3000P der Firma MEGA Electronics (Finnland).

Die optimale Trainingsmethode

Elektromyographische Messung der Muskelaktivierung des Bizeps

- **Unveränderte Elektrodenposition:** Bei jedem Probanden wurden alle Übungen für einen Muskel an einem einzigen Termin gemessen, ohne die Elektrodenposition zu verändern.
- **Vermeidung von Muskelermüdung:** Es wurden nur drei Wiederholungen von jeder Übung gemessen, standardisierte Pausen eingehalten und bei der Hälfte der Probanden die Übungen in umgekehrter Reihenfolge gemessen.
- **Reproduzierbarkeit der Messergebnisse:** Die Reproduzierbarkeit der Rangfolgen wurde durch Reliabilitätsmessungen überprüft. Bei der Wiederholung der Messungen (Retest) zeigte sich, dass die Reproduzierbarkeit der Rangplätze in hohem Maß gegeben war ($r = 0{,}85 - 0{,}99$). Die hohen Reproduzierbarkeitswerte belegen die Genauigkeit der EMG-Messmethode und der ermittelten Übungsranglisten.
- **Trainingseffektivität:** Für den Trainierenden ist der Erfolg des Trainings von entscheidender Bedeutung. Es stellt sich folglich die Frage, ob die Top-Übungen der EMG-Rangliste bessere Trainingsgewinne erbringen als Übungen auf den hinteren Rangplätzen.

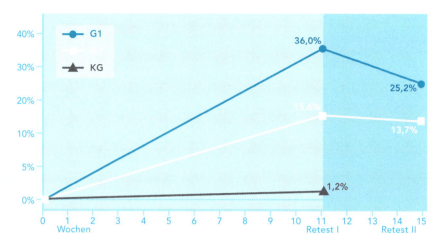

Prozentuale Veränderung der Maximalkraft: Testübung Bankdrücken

Die Abbildung oben veranschaulicht den Vergleich der prozentualen Steigerung der Maximalkraft nach einem elfwöchigen Krafttraining und einer vierwöchigen Trainingspause (Retest II) zwischen der Gruppe G1 (n = 26) – Übung mit höherem EMG-Signal (Kabelziehen über Kreuz in Rückenlage auf der Bank) und Gruppe G2 (n = 26) – Übung mit niedrigerem EMG-Signal (Fliegende Bewegungen [Flys] in Rückenlage auf der Flachbank mit Kurzhanteln) sowie einer Kontrollgruppe KG (n = 11).

Die Abbildung rechts zeigt den Vergleich der prozentualen Steigerung der Kraftausdauer nach einem elfwöchigen Krafttraining und einer vierwöchigen Trainingspause (Retest II) zwischen der Gruppe G1 (n = 25) – Übung mit höherem EMG-Signal (Kabelziehen über Kreuz in Rückenlage auf der Bank) und Gruppe G2 (n = 26) – Übung mit niedrigerem EMG-Signal (Fliegende Bewegungen [Flys] in Rückenlage auf der Flachbank mit Kurzhanteln) sowie einer Kontrollgruppe KG (n = 11).

In mehreren Trainingsexperimenten konnten wir nachweisen, dass ein Training von Übungen auf den Spitzenplätzen der Übungsranglisten (hohe Muskelaktivierung) zu deutlich stärkeren Verbesserungen der Maximalkraft und der Kraftausdauer führt als ein Training von Übungen auf den hinteren Plätzen der Ranglisten (geringe Muskelaktivierung).

Die Abbildungen verdeutlichen eindrucksvoll, dass ein Training der Top-Übungen (vordere EMG-Ranglistenplätze) nach einer elfwöchigen Trainingsphase zu deutlich höheren Zuwächsen der Maximalkraft und der Kraftausdauer führt als ein Training mit Übungen, die weniger intensive Muskel-

Die optimale Trainingsmethode

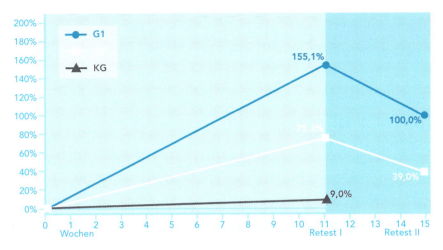

Prozentuale Veränderung der Kraftausdauer: Testübung Bankdrücken

spannungen erzeugen. Darüber hinaus zeigen die Grafiken den erheblichen Rückgang der Kraft nach einer vierwöchigen Trainingspause. Die Ergebnisse belegen die große Bedeutung der Übungsauswahl (Top-Übung, nicht Flop-Übung) und der Regelmäßigkeit des Trainings (keine größeren Trainingspausen).

Die Übungsranglisten für alle anderen wichtigen Muskelgruppen und weitergehende Informationen zur EMG-Messmethode finden Sie in unseren Büchern in der Reihe rororo Sport «Fitnesskrafttraining» (Nr. 19481), «Supertrainer Bauch» (Nr. 61028), «Supertrainer Beine und Po» (Nr. 61040) und «Supertrainer Rücken» (Nr. 61044).

Die besten Übungen für den Schultergürtel

Schwerpunkt: Großer Brustmuskel

Funktion und Training

Der Große Brustmuskel ist einer der wirksamsten Muskeln für die Bewegungen im Schultergelenk. Mit seinem oberen, mittleren und unteren Anteil (pars clavicularis, pars sternocostalis und pars abdominalis) bedeckt er nahezu den gesamten Brustkorb und verleiht ihm seine Kontur. Er zieht den Arm kraftvoll an den Körper (Adduktion), dreht ihn nach innen (Innenrotation) und führt ihn nach vorne (Anteversion). Darüber hinaus senkt er den erhobenen Arm nach unten. Da er u. a. an allen Bewegungen beteiligt ist, die eine Beschleunigung des Armes gegen den Rumpf bedingen, kommt ihm bei vielen Sportarten (z. B. Wurfdisziplinen, Schwimmen, Stabhochsprung) eine besondere Bedeutung zu. Des Weiteren wird er unter ästhetischen Gesichtspunkten, z. B. im Bodybuilding, trainiert.

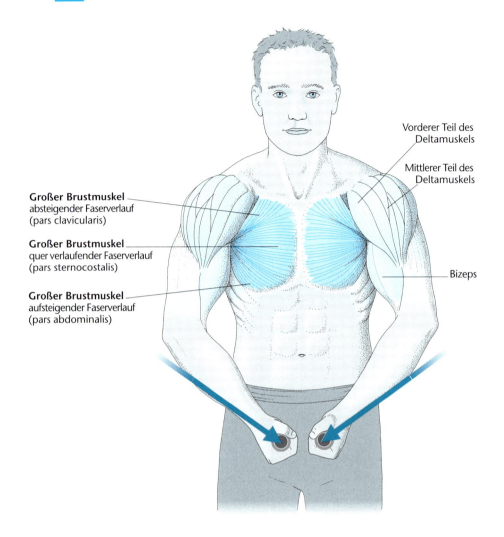

Großer Brustmuskel

Die besten Übungen – Schultergürtel

Tipp: Bei hängenden Schultern oder einem Rundrücken sollten Sie regelmäßig den Großen Brustmuskel dehnen und die Muskulatur des oberen Rückens kräftigen.

Top 13 für den Großen Brustmuskel

Die Messreihe für den Großen Brustmuskel umfasste insgesamt 26 Übungen. Davon wurden 13 Übungen ausgewählt. Dies sind zum einen die Übungen mit der intensivsten Muskelaktivierung und zum anderen einige Übungsvarianten, die für die Erläuterung wichtiger Gesetzmäßigkeiten notwendig sind (z. B. Varianten der Übungen Bankdrücken und Fliegende Bewegungen).

Die Muskelaktivierung der drei Anteile des Großen Brustmuskels wurde bei allen Übungen gesondert gemessen. Die vorliegende Übungsrangliste für den Großen Brustmuskel ist eine Gesamtrangliste, bei der die Messwerte der drei Anteile des Brustmuskels zusammengefasst wurden.

Nr.	Übung	x̄ R
1	Kabelziehen über Kreuz in Rückenlage auf der Bank (S. 50)	2,1
2	Kabelziehen über Kreuz im Stand (S. 51)	3,3
3	Bankdrücken an der Multipresse, Schrägbank negativ −15° (S. 45)	5,1
4	Bankdrücken an der Multipresse, Flachbank (S. 45)	5,4
5	Butterflys im Sitz an der Maschine, Oberarme außenrotiert und 90° abgespreizt (S. 52)	5,8
6	Bankdrücken mit der Langhantel auf der Flachbank (S. 45)	6,2
7	Fliegende Bewegungen (Flys) in Rückenlage auf der Flachbank, nur Teilbewegungen in Dehnstellung mit fast waagerecht ausgebreiteten Armen (S. 53)	7,2
8	Bankdrücken auf der Flachbank mit Kurzhanteln (S. 45)	7,3
9	Stützbeugen (Dips) (S. 41)	7,5
10	Liegestütz (S. 48)	8
11	Bankdrücken an der Multipresse, Schrägbank +25° (S. 45)	8,6
12	Fliegende Bewegungen (Flys) in Rückenlage auf der Flachbank, komplette Bewegung (S. 53)	11,8
13	Bankdrücken an der Multipresse, Schrägbank +45° (S. 45)	12,7

EMG-Rangliste von 13 Übungen für den Großen Brustmuskel nach dem durchschnittlichen Rangplatz x̄ R; n = 10

Die besten Übungen – Schultergürtel

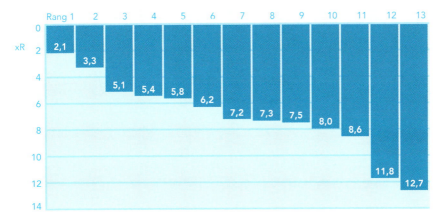

Top 13 für den Großen Brustmuskel, graphische Darstellung

Übersicht:
Top 13 für den Großen Brustmuskel

1. Kabelziehen über Kreuz in Rückenlage auf der Bank

2. Kabelziehen über Kreuz im Stand

3. Bankdrücken an der Multipresse, Schrägbank negativ –15°

4. Bankdrücken auf der Flachbank an der Multipresse

5. Butterflys im Sitz an der Maschine, Oberarme außenrotiert und um 90° abgespreizt

6. Bankdrücken mit der Langhantel auf der Flachbank

7. Fliegende Bewegungen (Flys) in Rückenlage auf der Flachbank, mit Kurzhanteln, mit Teilbewegungen in Dehnstellung mit fast waagerecht ausgebreiteten Armen

8. Bankdrücken auf der Flachbank mit Kurzhanteln

Die besten Übungen – Schultergürtel

9. Stützbeugen (Dips)

10. Liegestütz

11. Bankdrücken an der Multipresse Schrägbank +25°

12. Fliegende Bewegungen (Flys) in Rückenlage auf der Flachbank mit Kurzhanteln, komplette Bewegung

13. Bankdrücken an der Multipresse, Schrägbank +45°

Kommentar zur Übungsrangliste für den Großen Brustmuskel

- Die Intensität der Muskelkontraktion nimmt von den Übungen 1 bis 13 um etwa 55 % ab.
- Je größer der Intensitätsabfall von einer Übung zur nächsten ausfällt, desto stärker unterscheiden sich die Übungen hinsichtlich ihrer Effektivität. Ein großer Intensitätsabfall besteht hier von Übung 2 auf 3 (14 %) und 11 auf 12 (15 %).
- Übungen mit nahe beieinander liegenden Rangplatzwerten weisen dagegen vergleichbar hohe Intensitäten auf und sind deshalb als nahezu gleichwertig anzusehen. Dies gilt hier für die Übungen 3 bis 6 und 7 bis 11.
- Die Übungen Kabelziehen über Kreuz in Rückenlage und im Stand sind eindeutig die Top-Übungen für den Großen Brustmuskel.
- Das Kabelziehen über Kreuz in Rückenlage auf der Flachbank erweist sich für den oberen und mittleren Anteil des Großen Brustmuskels als überlegen, während für den unteren Anteil die Variante im Stand intensiver ist.
- Es lassen sich für das Training des Großen Brustmuskels zwei Übungsgruppen unterscheiden:
  - Druckübungen: Alle Varianten des Bankdrückens, Stützbeugen (Dips) und Liegestütz.
  - Fliegende Bewegungen: Kabelziehen über Kreuz, Butterflys und Flys in Rückenlage auf der Flachbank mit Kurzhanteln.
- Die Vorteile der Druckübungen sind die großen Gewichte, die bewegt werden können (z. B. Bankdrücken, Plätze 3, 4, 6, 8, 13). Nachteile ergeben sich aus der nicht optimalen Erfüllung der anatomischen Funktion des Großen Brustmuskels: Adduktion (Arm an und vor den Körper führen) und Innenrotation des Oberarms (z. B. Schrägbankdrücken, Plätze 11 und 13).
- Die Vorteile der Fliegenden Bewegungen (Flys) sind bei optimaler Übungsausführung die vollständige Erfüllung der anatomischen Funktionen des Großen Brustmuskels (z. B. Kabelziehen über Kreuz, Plätze 1 und 2). Nicht alle Varianten der Flys eignen sich für sehr schwere Gewichte (z. B. Flys mit Kurzhanteln, Plätze 7 und 12).
- Druckübungen sind sehr effektive Komplexübungen. Neben dem Großen Brustmuskel werden immer gleichzeitig der Trizeps und der vordere Anteil des Deltamuskels effektiv trainiert.

Die besten Übungen – Schultergürtel

- Bei den Druckübungen spielt der Winkel zwischen Oberarm und Rumpf eine wichtige Rolle. Je kleiner der Oberarm-Rumpf-Winkel, desto mehr Gewicht kann bewältigt werden und desto intensiver ist die Muskelkontraktion, insbesondere für den unteren Anteil des Großen Brustmuskels. Dieser Zusammenhang wird bei den Varianten des Bankdrückens deutlich: Das negative Bankdrücken (–15°) mit einem Oberarm-Rumpf-Winkel kleiner als 90° ermöglicht die Bewältigung der schwersten Gewichte und ist die intensivste Variante des Bankdrückens (Platz 3), dicht gefolgt vom Bankdrücken auf der Flachbank mit einem Oberarm-Rumpf-Winkel von 90° (Plätze 4 und 8). Die Varianten des Bankdrückens auf der positiv aufgestellten Schrägbank mit einem Oberarm-Rumpf-Winkel größer als 90° fallen deutlich ab (Platz 11, Bankwinkel +25° und Platz 13, Bankwinkel +45°).
- Die Intensität der Übungen Liegestütz und Stützbeugen (Dips) hängt entscheidend vom Körpergewicht des Trainierenden ab. Selbst bei Sportstudenten erweisen sich diese Übungen noch als effektiv (Plätze 9 und 10). Bei weniger gut trainierten Personen mit höherem Körpergewicht sind Liegestütze und Dips hochintensive und effektive Übungen. Die Intensität der Liegestütze kann durch verschiedene Ausführungsvarianten sowohl weiter verstärkt als auch reduziert werden; somit eignen sich Liegestütze gut als Heimübung für jedermann.
- Das Bankdrücken auf der Flachbank mit Kurzhanteln (Platz 8) erfordert sehr viel Stabilisierungsarbeit. Aus diesem Grund müssen die Gewichte im Vergleich zum Bankdrücken mit der Langhantel reduziert werden und die Intensität der Kontraktionen des Großen Brustmuskels fällt etwas geringer aus.
- Bei den Fliegenden Bewegungen (Kabelziehen über Kreuz, Flys) hängt die Effektivität v.a. davon ab, ob der Widerstand über die gesamte Bewegungs-Amplitude hoch bleibt, wie beim Kabelziehen über Kreuz (Plätze 1 und 2), oder stark variiert, wie bei den Flys mit den Kurzhanteln auf der Flachbank. Bei kompletter Bewegungsamplitude wird bei den Flys mit der Kurzhantel der Widerstand beim Heben der Arme immer kleiner und ist bei senkrechter Armhaltung fast null (Platz 12). Führt man dagegen mit weit ausgebreiteten Armen nur kleine Teilbewegungen aus, bleibt die Intensität während des ganzen Satzes hoch (Platz 7).

Die Übung Butterflys im Sitz an der Maschine erweist sich als sehr effektiv (Platz 4), wobei insbesondere der obere Anteil des Großen Brustmuskels intensiv trainiert wird.

Die besten Übungen im Detail

Besonderer Hinweis

Eine nicht unerhebliche Verletzungsgefahr bei Bankdrückübungen liegt in dem Risiko der Überbelastung der vorderen Band- und Kapselstrukturen des Schultergelenks. Beim tiefen Bankdrücken wird die Langhantel häufig so tief gesenkt, dass sie die Brust berührt. Dabei wird der Kopf des Oberarmknochens nach vorne gegen die Gelenkkapsel und den Bandapparat gedrückt. Hohe Gewichte bedeuten dabei ein Verletzungsrisiko für die Gelenkkapsel und die betroffenen Bänder. Eine Überbelastung kommt relativ häufig vor und zieht oft lang andauernde Beschwerden nach sich. Das Verletzungsrisiko wird durch ein weniger tiefes Absenken der Langhantel verringert. Dabei wird die Hantel nur so weit abgesenkt, dass die Oberarme knapp unterhalb der Schulterachse liegen. Je nach der Größe des Brustkorbs des Trainierenden wird die Hantel also einige Zentimeter vor der Brust gestoppt. Athleten in den Kraftdisziplinen haben allerdings häufig eine so gut entwickelte Brust- und Rückenmuskulatur und einen so großen Brustkorb, dass sie die Hantel bis auf die Brust absenken können, ohne in eine gesundheitsgefährdende Position für das Schultergelenk zu kommen. EMG-Vergleiche von Übungen mit tiefer und nicht tiefer, gesundheitsschonender Ausführung zeigen bei gleichem Gewicht keine großen Intensitätsunterschiede, sodass durchaus auf die tiefe Ausführung verzichtet werden kann. Ein ähnliches Verletzungsrisiko wie beim Bankdrücken tritt auch bei der tiefen Ausführung der Übungen Stützbeugen (Dips), fliegende Bewegungen (Flys) und Butterflys auf und sollte jeweils durch eine nicht zu tiefe Bewegungsausführung vermieden werden.

Aus funktioneller Sicht lassen sich zwei Übungsgruppen unterscheiden: *Drückübungen* und *fliegende Bewegungen*.

Druckübungen
VARIANTEN DES BANKDRÜCKENS

Flachbank, Ausführung mit aufgestellten Füßen

Flachbank, Ausführung mit abgestellten Füßen

Multipresse negativ

Kurzhanteldrücken

Schrägbank 25°

Schrägbank 45°

Effektivität

- Varianten der Übungen Bankdrücken sind für den Großen Brustmuskel sehr effektiv (Ränge 3, 4, 6 und 8).
- Die Aktivierung des Großen Brustmuskels ist abhängig vom gewählten Gewicht und vom Winkel zwischen Oberarm und Rumpf und somit von der Bankneigung. Bei negativer Bankneigung (–15°), wodurch sich ein Oberarm-Rumpf-Winkel kleiner als 90° ergibt, können Sie das höchste Gewicht bewältigen und daher mit der größten Intensität trainieren (Rang 3). Auch das Flachbankdrücken an der Multipresse (Rang 4), mit Langhantel (Rang 6) oder Kurzhanteln (Rang 8) ist sehr effektiv. Bei positiv aufgestellter Schrägbank ist das zu bewältigende Gewicht deutlicher geringer, so dass die Intensität mit zunehmender Aufrichtung des Oberkörpers abnimmt (Ränge 11 und 13).
- Neben dem Großen Brustmuskel werden zusätzlich der vordere Anteil des Deltamuskels (s. S. 56, Rang 2) sehr effektiv und der Trizeps sowie der vordere Sägemuskel (s. S. 101, Rang 4, Schrägbank, Rang 6, Flachbank) mittelmäßig intensiv mittrainiert. Das Bankdrücken ist somit die beste Komplexübung für diese drei Muskeln.

Übungsausführung

- Legen Sie sich in Rückenlage auf eine Negativschrägbank (–15°) oder eine Flachbank, die Hantelstange befindet sich auf Augenhöhe. Heben Sie die Beine an oder setzen Sie die Füße am Boden auf.
- Umfassen Sie die Hantelstange etwas weiter als schulterbreit und stabilisieren Sie ihre Handgelenke.
- Senken Sie das Gewicht auf die Brust, wobei die Oberarme nicht wesentlich tiefer als auf Schulterhöhe abgesenkt werden (Oberarme etwas unter der Waagerechten). Ein zu tiefes Absenken des Gewichts bis zum Berühren der Brust erhöht die Belastung des Schultergelenks und führt kaum zu einer Mehraktivierung, sodass es nur in Einzelfällen (z. B. aus sportartspezifischer Sicht wie beim Kugelstoßen) sinnvoll ist.
- Drücken Sie nun die Hantel nach oben. Am Ende der Bewegung können Sie durch einen Zug der Hände nach innen die Adduktionsfunktion des Großen Brustmuskels zusätzlich statisch aktivieren.
- Sie können die Übung auch an einer Bankdrückmaschine oder an der Multipresse durchführen. Diese beiden Geräte lassen jedoch nicht die für den Bewegungsablauf des Bankdrückens günstige, leicht bogenförmige Bewegung beim Strecken der Arme zu, sondern geben aufgrund

ihrer maschinellen Führung einen geraden Bewegungsverlauf vor. Zudem werden dabei weniger Muskeln zur Stabilisierung eingesetzt. Bei der Variante mit Kurzhanteln ähnelt der Bewegungsablauf dem Bankdrücken mit Langhantel.

Besondere Hinweise

- Aufgrund der tiefen Lage des Kopfes kommt es beim negativen Schrägbankdrücken zu einem vermehrten Blutstau im Kopfbereich, was von vielen Trainierenden als unangenehm empfunden wird und für verschiedene Risikogruppen (z. B. Bluthochdruckpatienten) nicht angebracht ist.

BANKDRÜCKEN AN MASCHINEN IN AUFRECHTER SITZPOSITION

Effektivität

- Die Effektivität für die Brustmuskulatur variiert je nach Maschinenkonstruktion und Winkel zwischen Oberarm und Rumpf. In den meisten Fällen ist sie deutlich geringer als beim horizontalen Bankdrücken.
- Zweigelenkige Maschinen besitzen im Vergleich zu eingelenkigen Gerätetypen den Vorteil, dass zwei Funktionen des Großen Brustmuskels (Arme nach vorne bringen und zusammenführen) beansprucht werden.
- Je höher die Sitzposition an der Maschine gewählt wird, desto kleiner wird der Oberarm-Rumpf-Winkel und umso mehr Gewicht kann bewältigt werden, was wiederum die Muskelaktivierung erhöht.

Übungsausführung

- Setzen Sie sich aufrecht in die Maschine auf die höchste Sitzposition, so dass die Schulterebene oberhalb der Griffebene liegt. Ihr gesamter Rücken hat Kontakt mit dem Polster. Führen Sie mit dem Fuß über eine Einstiegshilfe (soweit vorhanden) die Griffstangen nach vorne. Umfassen Sie mit den Händen die Griffstangen. Ihre Ellbogen sind angehoben und zeigen nach außen (Innenrotation im Schultergelenk).
- Strecken Sie die Arme gegen den Widerstand der Maschine annähernd durch. Führen Sie anschließend die Griffe nur so weit zurück, dass die Oberarme mit der Schulterachse etwa eine Linie bilden. Nach Beendigung der Serie führen Sie die Griffstangen mit Hilfe der Einstiegshilfe wieder in die Ausgangsposition zurück.
- Bei zweigelenkigen Maschinen (Dual-Axis) kann die Aktivität des Großen Brustmuskels dadurch gesteigert werden, dass die Arme mit dem Vorbringen gleichzeitig vor dem Körper zusammengeführt werden, wodurch zusätzlich die Adduktionsfunktion des Großen Brustmuskels beansprucht wird.

LIEGESTÜTZ

Knieliegestütz gestreckt

Knieliegestütz gebeugt

horizontaler Liegestütz

Liegestütz mit erhöhten Beinen

Die besten Übungen – Schultergürtel

einarmiger Liegestütz mit Gewichtsverlagerung

Effektivität

- Der Liegestütz ist eine effektive Übung zur Kräftigung des Großen Brustmuskels ohne Gerät (Rang 10), des Trizeps und des vorderen Anteils des Deltamuskels.
- Je enger die Handstellung und Armführung am Köper ist, desto intensiver ist die Übung.
- Eine Erhöhung der Intensität kann durch eine erhöhte Ablage der Füße, eine einarmige Ausführung (Gewicht auf einen Arm verlagert) und durch ein Vorschieben des Rumpfes erreicht werden. Eine Verringerung der Intensität wird durch den Knieliegestütz erreicht. Eine optimale Ausführung des Knieliegestützes mit maximal enger Handstellung und Armführung stellt für die meisten Frauen eine sehr (zu) hohe Belastung dar. Sie müssen das Hüftgelenk beugen, um eine angemessene Intensität zu erreichen.

Übungsausführung

- Halten Sie den Rumpf und den Kopf in einer geraden Linie (wie ein Brett) und richten Sie den Blick vor die Hände.
- Nehmen Sie eine enge Handstellung ein, bei der beide Daumen parallel liegen und sich berühren. Die Finger zeigen gerade nach vorne.
- Beugen und strecken Sie die Arme. Die Nasenspitze berührt den Boden etwa 20 cm vor den Fingerspitzen. Die Armführung erfolgt eng am Körper, sodass die Oberarme den Rumpf berühren.

Fliegende Bewegungen
KABELZIEHEN ÜBER KREUZ IN RÜCKENLAGE AUF EINER FLACHBANK

Effektivität
- Das Kabelziehen über Kreuz in Rückenlage ist die absolute Top-Übung (Rang 1) für den Großen Brustmuskel. Alle anatomischen Funktionen des Muskels werden dabei perfekt umgesetzt.
- Der vordere Deltamuskel und der Trizeps werden nur wenig aktiviert.

Übungsausführung
- Legen Sie sich in Rückenlage auf eine Flachbank, heben Sie die Beine an oder stellen Sie Ihre Füße auf den Boden. Der Kabelverlauf liegt auf Höhe der Schulterachse.
- Umfassen Sie die von unten kommenden Kabelzuggriffe und stabilisieren Sie aktiv Ihre Handgelenke.
- Führen Sie Ihre Arme nach innen, wobei Sie die Oberarme so drehen, dass Ihre Handflächen zum Unterkörper zeigen. Die Arme werden vor der Brust gekreuzt und die Ellbogengelenke in der Endposition gestreckt. Anschließend führen Sie die Arme wieder kontrolliert leicht nach außen, bis sie in die Senkrechte zeigen – nicht weiter.

Die besten Übungen – Schultergürtel

KABELZIEHEN ÜBER KREUZ IM STAND

Effektivität

- Kabelziehen über Kreuz im Stand ist eine der beiden Top-Übungen zur Kräftigung des Großen Brustmuskels (Rang 2), wobei alle drei Funktionen des Muskels ideal beansprucht werden können. Der untere Teil des großen Brustmuskels wird dabei am stärksten aktiviert.
- Die Aktivierung nimmt noch zu, wenn in der Endstellung die Arme innenrotiert gestreckt und tief vor dem Körper gekreuzt werden.
- Der Trizeps und der vordere Deltamuskel werden deutlich weniger aktiviert als beim Bankdrücken.

Übungsausführung

- Wählen Sie einen etwa schulterbreiten Stand mit leicht gebeugten Knien oder die Schrittstellung bzw. einen kleinen Ausfallschritt.
- Umfassen Sie die von oben kommenden Kabelzuggriffe und stabilisieren Sie die Handgelenke aktiv. Spannen Sie die Rumpfmuskulatur an und gehen Sie mit dem Rumpf in eine leichte Körpervorlage, wobei Ihr Rücken gerade bleibt.
- In der Ausgangsstellung sind die Arme gebeugt, die Ellbogen werden hoch gehalten, und die Oberarme sind fast waagerecht. Der Winkel im Ellbogengelenk beträgt etwa 90°.
- Führen Sie die Arme mit stark nach unten gerichtetem Armzug in die Streckung und vor der Hüfte über Kreuz zusammen. Die Handflächen zeigen in der Endstellung zum Körper. Führen Sie anschließend die Arme wieder kontrolliert in die Ausgangsposition zurück.
- Je weiter die Arme vom Oberkörper weg nach vorne geführt werden, desto weniger Gewicht kann bewältigt werden. Dadurch nimmt die Aktivierung für den Gesamtmuskel ab.

BUTTERFLY AN DER MASCHINE

Effektivität

- Die Effektivität für den Großen Brustmuskel ist ähnlich (Rang 5) wie beim Flachbankdrücken mit der Langhantel. Die Hauptwirkung geht allerdings auf den oberen Anteil des Brustmuskels.
- Bei den meisten Maschinen sind die Handgriffe so angebracht, dass die Oberarme auswärts gedreht sind (Außenrotation).
- Zusätzlich wird der vordere Anteil des Deltamuskels sehr intensiv mittrainiert (Rang 4).

Übungsausführung

- Nehmen Sie eine aufrechte Sitzposition ein, so dass der ganze Rücken Kontakt mit dem Polster hat.
- Holen Sie mit der Einstiegshilfe die Armauflageflächen nach vorne, wobei der Oberarm-Rumpf-Winkel und der Ellbogenwinkel jeweils etwa 90° betragen sollten.
- Führen Sie die Arme vor dem Körper zusammen. Führen Sie anschließend die Arme kontrolliert nicht weiter zurück als bis auf Höhe der Schulterachse.
- An Geräten, bei denen Griffe oder Griffstangen mit den Händen gefasst und die Arme nicht gegen ein Polster gedrückt werden, sollten Sie mit leicht gebeugten Armen trainieren, weil bei gestreckten Armen eine erhöhte Ellbogenbelastung auftreten kann.

Die besten Übungen – Schultergürtel

FLYS MIT KURZHANTELN AUF DER FLACHBANK

Arme gebeugt   Arme gestreckt

Effektivität
- Flys sind aufgrund der unterschiedlich intensiven Bewegungsabschnitte und des geringeren zu bewältigenden Gewichts deutlich weniger effektiv (Ränge 7 und 12) als die Top-Übungen.
- Die Intensität der Übung hängt wesentlich von der Ausführung ab. Die Normalausführung der Übung ist weniger effektiv (Rang 12), weil die Bewegungsabschnitte, die sich der senkrechten Armstellung nähern, den Großen Brustmuskel zunehmend weniger aktivieren (kurzer Lastarm). Eine modifizierte Übungsausführung mit kleinen Teilbewegungen im Bewegungsabschnitt mit um etwa 180° ausgebreiteten Armen ist dagegen deutlich effektiver (Rang 7).
- Im Vergleich zur Flachbank nimmt die Aktivität bei Flys mit Kurzhanteln auf der Schrägbank für den Großen Brustmuskel deutlich ab, für den vorderen Anteil des Deltamuskels hingegen zu. Die Übung ist weniger effektiv als die Übung Schrägbankdrücken und insgesamt aufgrund ihrer vergleichsweise geringen Aktivierung weniger empfehlenswert.

Übungsausführung
- Legen Sie sich mit dem Rücken auf eine Flachbank. Heben Sie die Beine an oder stellen Sie die Füße neben der Bank ab. In der Ausgangstellung halten Sie die Kurzhanteln mit gestreckten Armen senkrecht über den Schultern.
- Senken Sie beide Arme annähernd gestreckt langsam seitlich bis in die Dehnstellung der Brustmuskulatur. Um Schulterverletzungen vorzubeugen, sollten Sie die Arme nicht tiefer als bis zur Schulterachse absenken. Mit zunehmendem Anheben der Arme reduziert sich der Lastarm, und die Aktivierung nimmt deutlich ab. Bei minimalen Bewegun-

gen mit ausgebreiteten Armen (Teilbewegungen) bleibt die Aktivierung allerdings hoch.

- Wenn Sie diese Übung mit fast gestreckten Ellbogengelenken durchführen, ist das zu bewältigende Gewicht kleiner, da der Lastarm sehr groß ist. Die Arme sollten nicht völlig gestreckt werden, weil dabei eine erhöhte Belastung des Ellbogengelenks auftritt. Wenn Sie einen Ellbogenwinkel von 90° wählen, muss das Gewicht entsprechend höher gewählt werden, weil in diesem Fall der Lastarm deutlich geringer ist.

Schwerpunkt: Deltamuskel

Funktion und Training

Der Deltamuskel gehört zur Schultergelenkmuskulatur. Das Schultergelenk benötigt aufgrund seiner großen Beweglichkeit und der mangelhaften knöchernen Führung eine ausgeprägte muskuläre Stabilisation. Der Deltamuskel spielt hierbei eine wichtige Rolle, da er das Schultergelenk kappenartig umschließt. Er bildet somit auch die Kontur der Schulter und verleiht ihr die runde Form. Seine anatomische Dreiteilung in einen vorderen (pars clavicularis), einen mittleren (pars acromialis) und einen hinteren Anteil (pars spinalis) gibt dem Deltamuskel die typische Dreieckform und ermöglicht ihm funktionell eine Beteiligung an allen Schultergelenkbewegungen. Der vordere Anteil hebt den Arm nach vorne oben (Anteversion), dreht ihn nach innen (Innenrotation) und hilft dabei, ihn zum Körper zu ziehen (Adduktion). Der mittlere Anteil hebt den Arm seitlich an (Abduktion), während der hintere Teil den Arm nach hinten hochhebt (Retroversion) und nach außen dreht (Außenrotation).

Deltamuskel

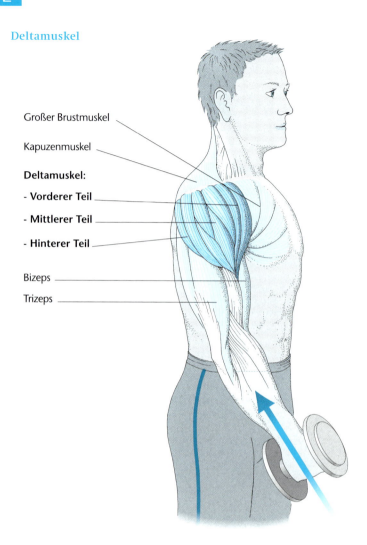

Großer Brustmuskel

Kapuzenmuskel

Deltamuskel:

- **Vorderer Teil**

- **Mittlerer Teil**

- **Hinterer Teil**

Bizeps

Trizeps

Die besten Übungen – Schultergürtel

Top 7 für den Deltamuskel, vorderer Anteil

Die Messreihe der Übungen für den vorderen Anteil des Deltamuskels umfasste insgesamt 26 Übungen. Wir haben die sechs effektivsten Übungen und den Liegestütz als intensivste Heimübung ausgewählt. Bei der Darstellung der Übungen im Detail (s. S. 60) werden weitere empfehlenswerte Übungen genau erläutert.

Nr.	Übung	$\bar{x}\,R$
1	Frontdrücken im Sitz an der Multipresse (S. 60)	2,1
2	Bankdrücken in Rückenlage auf der Bank mit Langhantel (S. 45)	3,6
3	Bankdrücken an der Multipresse, Schrägbank +45° (S. 62)	4,0
4	Butterflys mit innenrotierten Oberarmen (S. 52)	4,2
5	Bankdrücken an der Multipresse, Schrägbank +25° (S. 62)	4,2
6	Nackendrücken an der Multipresse (S. 63)	4,4
7	Liegestütz (S. 48)	5,5

EMG-Rangliste von 7 Übungen für den Deltamuskel, vorderer Anteil, nach dem durchschnittlichen Rangplatz $\bar{x}\,R$; n = 10

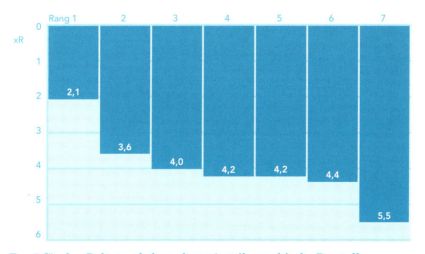

Top 7 für den Deltamuskel, vorderer Anteil, graphische Darstellung

Übersicht:
Top 7 für den Deltamuskel, vorderer Anteil

1. Frontdrücken im Sitz an der Multipresse

2. Bankdrücken in Rückenlage auf der Bank mit Langhantel

3. Bankdrücken an der Multipresse, Schrägbank +45°

4. Butterflys mit innenrotierten Oberarmen

5. Bankdrücken an der Multipresse, Schrägbank +25°

6. Nackendrücken an der Multipresse

7. Liegestütz

Kommentar zur Übungsrangliste für den Deltamuskel, vorderer Anteil

- Die Intensität der Muskelkontraktion nimmt von den Übungen 1 bis 7 um etwa 30 % ab.
- Je größer der Intensitätsabfall von einer Übung zur nächsten ausfällt, desto stärker unterscheiden sich die Übungen hinsichtlich ihrer Effektivität. Ein großer Intensitätsabfall besteht hier von Übung 1 auf 2 (15 %) und 6 auf 7 (10 %).
- Übungen mit nahe beieinander liegenden Rangplatzwerten weisen dagegen vergleichbar hohe Intensitäten auf und sind deshalb als nahezu gleichwertig anzusehen. Dies gilt hier für die Übungen 2 bis 6, die im Training alternativ eingesetzt werden können
- *Die Übung «Frontdrücken im Sitz an der Multipresse» ist eindeutig die Top-Übung für den vorderen Anteil des Deltamuskels.*
- Fünf Übungen der Top-Rangliste sind Druckübungen (Ausnahme Butterflys), bei denen die Arme den Widerstand nach oben oder nach vorne drücken. Damit setzen sie die wichtigste anatomische Funktion dieses Muskels, das Vor-hoch-Heben des Armes optimal um.
- Je steiler das Gewicht nach oben gedrückt wird, desto größer wird der Winkel zwischen Oberarm und Rumpf und desto besser wird die anatomische Funktion des vorderen Deltamuskels erfüllt. Das Gewicht, das jeweils bewältigt werden kann, nimmt mit zunehmendem Oberarm-Rumpf-Winkel allerdings ab. Die beiden für die Intensität einer Übung entscheidenden Faktoren, anatomische Funktion und zu bewältigendes Gewicht, heben sich bei den Übungen 2 bis 6 gewissermaßen gegenseitig auf.
- Das Flachbankdrücken erreicht einen guten 2. Platz aufgrund des großen Gewichtes, das bei dieser Übung bewegt werden kann.

- Beim Nackendrücken wird die Hantelstange hinter den Kopf gebracht, so dass der mittlere Deltakopf einen Teil der Arbeit übernimmt.
- Lediglich die Übung Butterflys mit innenrotierten Oberarmen ist keine Druckübung, sondern gehört zu der Kategorie der Fliegenden Bewegungen (Flys). Die Innenrotation der Oberarme bringt jedoch den vorderen Deltamuskel in eine gute Arbeitsposition.
- Die Liegestütze sind stark körpergewichtsabhängig und können mit den anderen standardisierten Übungen nicht direkt verglichen werden. Bei Personen mit höherem Körpergewicht dürfte die Muskelaktivierung deutlich stärker ausfallen.

Die besten Übungen im Detail

Der vordere Anteil des Deltamuskels wird bei allen Druckübungen für die Arme nach vorne oben oder innen aktiviert.

Bei allen Druckübungen wird das Gewicht zur Vermeidung von Verletzungen im Schultergelenk nur so weit abgesenkt, dass die Oberarme auf Höhe der Schultern sind. Ein Aktivierungsverlust entsteht hierbei nicht.

FRONTDRÜCKEN

Langhantel

Schulterpresse

Multipresse

Kurzhanteln

Effektivität

- Frontdrücken im Sitz ist die Top-Übung für die Kräftigung des vorderen Anteils des Deltamuskels (Rang 1) sowie für den vorderen Sägemuskel (Rang 1).
- Zusätzlich kommt es zu einer mittelmäßig intensiven Beanspruchung des oberen Teils des Großen Brustmuskels und des Trizeps. Durch aktives Hochdrücken der Schultern am Ende der Bewegung kann auch der obere Anteil des Trapezius mittrainiert werden.

Übungsausführung

- Setzen Sie sich mit aufrechtem Rücken an die senkrecht stehende Rückenlehne und umfassen Sie die Langhantel etwas weiter als schulterbreit, Ihre Ellbogen zeigen nach unten.
- Spannen Sie die Rumpfmuskulatur an und stabilisieren Sie aktiv Ihre Handgelenke. Drücken Sie das Gewicht nach oben, bis die Arme fast gestreckt sind. Senken Sie nun das Gewicht kontrolliert wieder ab, bis die Oberarme etwas unter Schulterhöhe sind. Die Stange befindet sich dabei auf Höhe von Nase bzw. Mund. Bei maximal tiefem Absenken des Gewichts kommt es zu einer starken Belastung im Schultergelenk mit Verletzungsgefahr.
- Die Übung kann auch an der Multipresse, mit der freien Langhantel oder mit Kurzhanteln durchgeführt werden. Beim Frontdrücken an der Schulterpresse setzen Sie sich aufrecht frontal an die Maschine und umfassen die Haltegriffe. Die Bewegungsausführung ist identisch mit dem Frontdrücken mit Langhantel.

SCHRÄGBANKDRÜCKEN

Langhantel, 45°

Langhantel, 25°

Multipresse, 25°

Kurzhanteln

Effektivität

- Auch das Schrägbankdrücken ist eine hochintensive Übung für den vorderen Anteil des Deltamuskels (Ränge 3 und 5), wobei die Bankneigung von 45° oder 25° kaum eine Rolle spielt.
- Schrägbankdrücken aktiviert auch mittelmäßig intensiv den Großen Brustmuskel, den Trizeps und den vorderen Sägemuskel (Rang 4).

Übungsausführung

- Setzen Sie sich auf eine Schrägbank, umfassen Sie die Hantelstange etwas weiter als schulterbreit und stabilisieren Sie aktiv Ihre Handgelenke.
- Drücken Sie das Gewicht nach oben, bis die Arme fast senkrecht sind, und senken Sie es anschließend kontrolliert so weit ab, dass sich die Oberarme etwas unter Schulterhöhe befinden.
- Die Übung kann mit der Langhantel, Kurzhanteln oder an der Multipresse durchgeführt werden.

Die besten Übungen – Schultergürtel

Weitere Übungen

Auch die Übungen Flachbankdrücken (Rang 2) und Butterfly mit innenrotierten Armen (Rang 4) gehören zu den sehr intensiven Übungen für den vorderen Deltaanteil. Beide Übungen wurden im Detail schon beim Großen Brustmuskel beschrieben (vgl. S. 45 und 52).

NACKENDRÜCKEN

Langhantel

Maschine

Multipresse

Effektivität

- Nackendrücken ist weniger intensiv als das Frontdrücken. Es ist aber immer noch eine sehr wirkungsvolle Übung für den vorderen Anteil des Deltamuskels (Rang 6) sowie v. a. für den vorderen Sägemuskel (Rang 2). Nackendrücken ist insgesamt eine gute Schulterkomplexübung.
- Zusätzlich wird der Trizeps und bei aktivem Hochdrücken der Schultern der obere Teil des Trapezius aktiviert.

Übungsausführung

- Setzen Sie sich aufrecht hin und umfassen Sie die Langhantel im Ristgriff etwas weiter als schulterbreit. Die Unterarme zeigen senkrecht nach oben.
- Stabilisieren Sie aktiv Ihre Handgelenke, drücken Sie das Gewicht fast bis zur vollständigen Ellbogenstreckung nach oben und senken Sie es anschließend kontrolliert wieder ab, bis die Oberarme etwas unter Schulterhöhe sind. Die Hantelstange befindet sich dabei in Höhe des Hinterkopfes.
- Die Übung kann mit Langhantel, Kurzhanteln, an der Maschine oder der Multipresse durchgeführt werden.

Top 6 für den Deltamuskel, mittlerer Anteil

Die Messreihe der Übungen für den mittleren Anteil des Deltamuskels umfasste insgesamt 19 Übungen. Wir haben die fünf effektivsten Übungen in die folgende Rangliste aufgenommen und als sechste die intensivste Übung ohne Geräte oder Hanteln hinzugefügt, um ein effektives Heimtraining zu ermöglichen. Die anschließende Detaildarstellung der Übungen enthält weitere sinnvolle Übungen und Übungsvarianten.

Die besten Übungen – Schultergürtel

Nr.	Übung	x̄ R
1	Reverse Flys im Sitz an der Maschine, Oberarme innenrotiert und 90° abgespreizt (S. 69)	1,7
2	Reverse Flys im Sitz an der Maschine, Oberarme außenrotiert und 120° abgespreizt (S. 70)	2,5
3	Arm-Seitheben einarmig in Seitlage auf der Schrägbank mit Kurzhantel und innenrotiertem Oberarm (S. 72)	2,6
4	Arm-Seitheben beidarmig im Stand mit Kurzhanteln und fast gestreckten, innenrotierten Armen (S. 73)	3,5
5	Reverse Flys in Bauchlage auf der Bank, Oberarme außenrotiert und 135° abgespreizt (S. 71)	4,9
6	Arm-Seitheben einarmig im Unterarmstütz am Boden gegen den Beinwiderstand (S. 73)	5,8

EMG-Rangliste von 6 Übungen für den Deltamuskel, mittlerer Anteil, nach dem durchschnittlichen Rangplatz x̄ R; n = 10

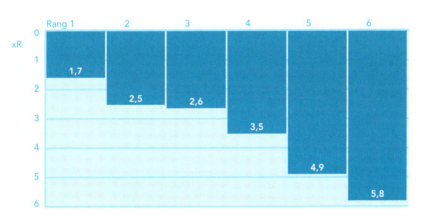

Top 6 für den Deltamuskel, mittlerer Anteil, graphische Darstellung

Übersicht:
Top 6 für den Deltamuskel, mittlerer Anteil

1. Reverse Flys im Sitz an der Maschine, Oberarme innenrotiert und um 90° abgespreizt

2. Reverse Flys im Sitz an der Maschine, Oberarme außenrotiert und um 120° abgespreizt

3. Arm-Seitheben einarmig in Seitlage auf der Schrägbank mit Kurzhantel und innenrotiertem Oberarm

4. Arm-Seitheben beidarmig im Stand mit Kurzhanteln und fast gestreckten, innenrotierten Armen

5. Reverse Flys in Bauchlage auf der Bank, Oberarme außenrotiert und 135° abgespreizt

6. Arm-Seitheben einarmig im Unterarmstütz am Boden gegen den Beinwiderstand

Die besten Übungen – Schultergürtel

Kommentar zur Übungsrangliste für den Deltamuskel, mittlerer Anteil

- Die Intensität der Muskelkontraktion nimmt von Übung 1 bis Übung 6 um etwa 45 % ab.
- Je größer der Intensitätsabfall von einer Übung zur nächsten ausfällt, desto stärker unterscheiden sich die Übungen hinsichtlich ihrer Effektivität. Ein großer Intensitätsabfall besteht hier von Übung 4 auf Übung 5 (16 %); geringere Intensitätsverluste finden wir zwischen den Übungen 1 und 2, 3 und 4 sowie 5 und 6.
- Übungen mit nahe beieinander liegenden Rangplatzwerten sind als nahezu gleichwertig anzusehen. Dies gilt hier für die Übungen 2 und 3.
- Die Übung «Reverse Flys im Sitz an der Maschine, Oberarme innenrotiert und 90° abgespreizt» ist eindeutig die Top-Übung für den mittleren und hinteren Anteil des Deltamuskels (s. S. 69).
- Alle sechs Übungen sind sowohl für den mittleren als auch für den hinteren Anteil des Deltamuskels effektiv.
- Überraschend ist das sehr gute Abschneiden der Reverse-Fly-Varianten (Plätze 1, 2, 5), die gleichzeitig die effektivsten Übungen für den Trapezmuskel und den geraden Rückenstrecker im Bereich der oberen Brustwirbelsäule sind (vgl. «Supertrainer Rücken», rororo 61044). Reverse-Fly-Übungen erweisen sich somit als perfekte Komplexübungen für den gesamten oberen Rücken sowie den mittleren und hinteren Anteil des Deltamuskels.
- Die zweite Gruppe wirksamer Übungen für den mittleren Deltanteil sind erwartungsgemäß die Arm-Seithebe-Übungen (Plätze 3, 4, 6). Die effektivste Variante, das Arm-Seitheben einarmig in Seitlage auf der Schrägbank mit Kurzhanteln und Innenrotation (Platz 3), zeigt sich der Standardübung, dem beidarmigen Arm-Seitheben im Stand mit Kurzhanteln, überlegen (Platz 4). Der Grund für die Überlegenheit der Variante in Schräglage dürfte der geringere Abspreizwinkel des Armes vom Körper im Vergleich zur beidarmigen Variante im Stand sein. Im Stand wird der Arm um etwa 90° abgespreizt, wobei sich das Schulterblatt dreht und die Muskeln, die die Schulterblattdrehung bewirken, kräftig mitarbeiten (z. B. Trapezmuskel, unterer Anteil und Untergrätenmuskel). In Körperschräglage wird der Arm nur um etwa 30 bis 45° vom Körper abgespreizt. Dabei findet keine Schulterblattdrehung statt, und der Deltamuskel muss das Gewicht ohne Mithilfe anderer Muskeln heben (vgl. Abb. S. 68).

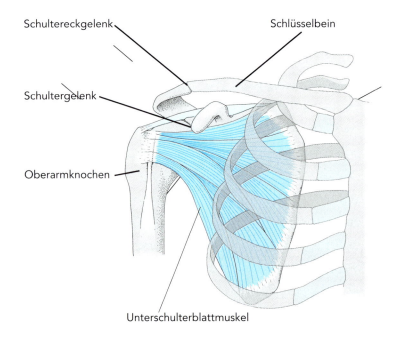

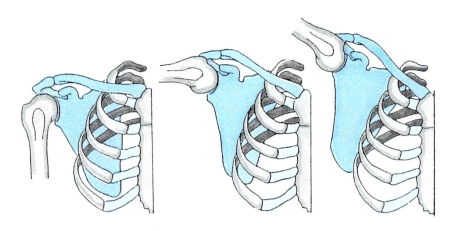

Bewegung von Schultergelenk und Schulterblatt beim seitlichen Abspreizen des Oberarmes

Die besten Übungen – Schultergürtel

- Obwohl bei den Komplexübungen im Stand schwerere Gewichte gehoben werden können als bei der Isolationsübung in Schräglage, bewirkt das einarmige Anheben des Armes in Schräglage eine etwas intensivere Muskelkontraktion als das beidarmige Seitheben der Arme im Stand.
- Die Übung auf Platz 5, Reverse Flys in Bauchlage auf der Bank, Oberarme außenrotiert und um 135° abgespreizt, ist eine der effektivsten Komplexübungen für den gesamten Rückenstrecker, alle Anteile des Trapezmuskels sowie den mittleren und hinteren Deltaanteil. Sie sollte in keinem Trainingsprogramm fehlen.
- Die Heimübung ohne Zusatzgewicht auf Platz 6 ist mit der Variante in Schräglage auf Platz 3 fast identisch. Je nach der Intensität des willkürlichen Krafteinsatzes können bei dieser nicht standardisierten Übung (s. S. 73) hohe bis sehr hohe Muskelspannungen erzeugt werden.

Die besten Übungen im Detail

Aus funktioneller Sicht lassen sich bei den Übungen für den mittleren Anteil des Deltamuskels (M. deltoideus, pars acromialis) zwei Übungsgruppen unterscheiden: Reverse-Fly-Varianten und Arm-Seithebe-Übungen.

Reverse-Fly-Varianten
REVERSE FLYS MIT INNENROTIERTEN UND 90° ABGESPREIZTEN ARMEN

Bank, mit gebeugten Armen   Maschine

Effektivität

- Diese hochintensive Übung ist die Top-Übung für den mittleren und hinteren Deltaanteil (Platz 1) sowie für den Rückenstrecker im Brustwirbelsäulenbereich (Platz 1), zudem trainiert sie den quer verlaufenden (Platz 5) und oberen Anteil (Platz 3) des Kapuzenmuskels sowie die Rautenmuskeln sehr intensiv. Es handelt sich also um eine exzellente Komplexübung.
- Endkontraktionen erhöhen die Aktivierung zusätzlich.

Übungsausführung

- Setzen Sie sich aufrecht in die Maschine und drücken Sie mit angehobenen Armen (Oberarm-Rumpf-Winkel 90°) in innenrotierter Position (Unterarme waagerecht, Handrücken zeigen nach oben) das Polster nach hinten.
- Führen Sie die Oberarme und die Schultern maximal weit nach hinten. Die Bewegung der Arme nach vorne endet etwa auf Schulterebene.
- Je nach Maschinentyp kann die Übung mit gebeugten oder gestreckten Armen durchgeführt werden.

REVERSE FLYS AN DER MASCHINE MIT AUSSENROTIERTEN, 120–135° ABGESPREIZTEN ARMEN

Effektivität

- Die Übung «Reverse Flys an den Maschine mit außenrotierten und etwa 120 bis 135° abgespreizten Armen» ist eine intensive Übung für den mittleren (Rang 2) und hinteren Deltaanteil (Rang 6). Zudem ist sie sehr effektiv für alle drei Teile des Kapuzenmuskels: Platz 3 für den unteren und mittleren sowie Platz 2 für den oberen Anteil. Darüber hinaus werden auch die Rautenmuskeln und der Gerade Rückenstrecker im Brustwirbelsäulenbereich mit trainiert.

- Wenn Sie mehrfache Endkontraktionen bei maximal zurückgeführten Armen durchführen, erhöht sich die Aktivierung der beteiligten Muskeln erheblich.

Übungsausführung
- Setzen Sie sich mit geradem Rücken in die Maschine und drücken Sie die erhobenen Arme (Oberarm-Rumpf-Winkel etwa 135°) in außenrotierter Position gegen die Armpolster. Die Handflächen zeigen zum Körper.
- Führen Sie die Arme maximal zurück und die Schulterblätter zusammen. Die Bewegung der Arme nach vorne endet etwa auf Schulterebene.

REVERSE FLYS IN BAUCHLAGE AUF DER BANK ODER AM BODEN MIT AUSSENROTIERTEN, ETWA 135° ABGESPREIZTEN ARMEN

Bank   Boden

Effektivität
- Diese Übung ist die Spitzenübung für alle drei Anteile des Kapuzenmuskels: Platz 1 für den unteren, Platz 1 für den mittleren und Platz 4 für den oberen Anteil. Zudem ist sie eine intensive Trainingsvariante für den mittleren und hinteren Anteil des Deltamuskels (Rang 5) und hochintensiv für den vorderen Sägemuskel (Rang 3) sowie für den gesamten Rückenstrecker. Sie ist somit eine hervorragende Komplexübung.
- Endkontraktionen erhöhen die Aktivierung zusätzlich.

Übungsausführung
- Legen Sie sich in Bauchlage auf eine Flachbank und fixieren Sie die Beine unter der Bank. Ihr Kopf liegt in Verlängerung des Rumpfes.
- Heben Sie die Kurzhanteln oder Gewichtsscheiben mit nach vorne ge-

führten, außenrotierten Armen, d. h. mit nach oben zeigenden Handflächen. Die Ellbogengelenke sind nahezu gestreckt.
- Wenn Sie das Becken kippen und den Rumpf leicht anheben, trainieren Sie den unteren Anteil des Rückenstreckers sehr intensiv. Dadurch wird die Übung zu einer effektiven Komplexübung für fast die gesamte hintere Rumpfmuskulatur. Die Übung kann auch in Bauchlage am Boden durchgeführt werden.

Arm-Seithebe-Übungen
ARM-SEITHEBEN EINARMIG AUF DER SCHRÄGBANK

Effektivität
- Arm-Seithebe-Varianten sind effektive Übungen zur Kräftigung des mittleren Anteils des Deltamuskels (Ränge 3, 4 und 6). Am effektivsten ist aus anatomisch-funktionalen Gründen das Arm-Seitheben einarmig in Seitlage auf der Schrägbank mit Kurzhantel (Rang 3).
- Kleine Hubbewegungen bei nahezu waagerechten Armen erhöhen die Intensität zusätzlich, da hier der Lastarm am höchsten ist.

Übungsausführung
- Legen Sie sich seitlich mit angewinkelten Beinen auf eine Schrägbank, die Sie mit dem unten liegenden Arm umfassen.
- Heben Sie jetzt den nahezu gestreckten, innenrotierten Arm mit fixiertem Handgelenk bis in die waagerechte Position und senken Sie Ihn anschließend kontrolliert bis zum Oberschenkel.

ARM-SEITHEBEN EINARMIG AM BODEN IM UNTERARMSTÜTZ GEGEN BEINWIDERSTAND

Übungsausführung
- Legen Sie sich in Seitlage, stützen Sie sich auf dem Unterarm ab und ziehen Sie beide Beine an den Bauch (Hüftgelenkwinkel etwa 90°).
- Die Hand des oberen innenrotierten Arms liegt oberhalb des Knöchels mit dem Handrücken unter dem Unterschenkel. Führen Sie das Arm-Seitheben gegen das Gewicht des abgespreizten Beines durch. Ziehen Sie dabei die Schulter des Trainingsarms nach hinten-unten.

ARM-SEITHEBEN BEIDARMIG IM STAND MIT 2 KURZHANTELN ODER EINARMIG AM KABELZUG

Kurzhanteln, beidarmig

Kabelzug, einarmig

Übungsausführung
- Nehmen Sie einen etwa schulterbreiten Stand mit leicht gebeugten Knien oder die Schrittstellung ein und spannen Sie die Rumpfmuskulatur an.
- Heben Sie die nahezu gestreckten, innenrotierten Arme bis in die waa-

gerechte Position oder geringfügig darüber, die Daumen zeigen schräg nach unten (Innenrotation im Schultergelenk). Anschließend senken Sie die Arme kontrolliert nicht ganz bis zum Oberschenkel, da sonst die Spannung aufgegeben wird.
- Bei einer Übungsausführung mit 90° gebeugten Armen muss der kürzere Lastarm durch ein schweres Gewicht ausgeglichen werden.
- Die Übung Arm-Seitheben kann auch einarmig in seitlicher Position am Kabelzug durchgeführt werden, wobei das Kabel von unten kommt.

Top 6 für den Deltamuskel, hinterer Anteil

Die Messreihe für den hinteren Anteil des Deltamuskels umfasste insgesamt 23 Übungen. Daraus haben wir die sechs effektivsten Übungen für die folgende Rangliste ausgewählt. Weitere Übungen und Übungsvarianten werden bei der Detaildarstellung erläutert (s. S. 77.).

Nr.	Übung	$\bar{x}$ R
1	Reverse Flys im Sitz an der Maschine, Oberarme innenrotiert und 90° abgespreizt (S. 69)	1,9
2	Trizeps Kickback einarmig gestreckt mit Kurzhantel, mit Retroversion, Adduktion und Endkontraktionen (S. 132)	3,0
3	Rudern vorgebeugt mit Langhantel, mit Endkontraktionen (Reverse-Fly-Ausführung) (S. 78)	3,9
4	Reverse-Flys in Bauchlage auf der Bank, mit Kurzhanteln, Oberarme innenrotiert und 90° abgespreizt (S. 79)	4,0
5	Reverse-Flys in Bauchlage auf der Bank, mit Kurzhanteln, Oberarme außenrotiert und 135° abgespreizt, mit Endkontraktionen (S. 71)	4,0
6	Reverse Flys im Sitz an der Maschine, Oberarme außenrotiert und 135° abgespreizt (S. 70)	4,2

EMG-Rangliste von 6 Übungen für den Deltamuskel, hinterer Anteil, nach dem durchschnittlichen Rangplatz $\bar{x}$ R; n = 10

Die besten Übungen – Schultergürtel

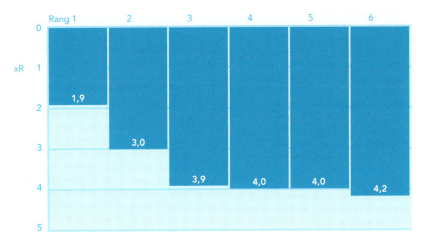

Top 6 für den Deltamuskel, hinterer Anteil, graphische Darstellung

Übersicht:
Top 6 für den hinteren Anteil des Deltamuskels

1. Reverse Flys im Sitz an der Maschine, Oberarme innenrotiert und um 90° abgespreizt

2. Trizeps Kickback einarmig gestreckt mit Kurzhantel, mit Retroversion, Adduktion und Endkontraktionen

3. Rudern vorgebeugt mit Langhantel, mit Endkontraktionen (Reverse-Fly-Ausführung)

4. Reverse Flys in Bauchlage auf der Bank, mit Kurzhanteln, Oberarme innenrotiert und um 90° abgespreizt

5. Reverse Flys in Bauchlage auf der Bank, mit Kurzhanteln, Oberarme außenrotiert und um 135° abgespreizt, mit Endkontraktionen

6. Reverse Flys im Sitz an der Maschine, Oberarme außenrotiert und um 135° abgespreizt

Die besten Übungen – Schultergürtel

Kommentar zur Übungsrangliste für den Deltamuskel, hinterer Anteil

- Die Intensität der Muskelkontraktion nimmt von Übung 1 bis Übung 6 nur um etwa 20 % ab.
- Je größer der Intensitätsabfall von einer Übung zur nächsten ausfällt, desto stärker unterscheiden sich die Übungen hinsichtlich ihrer Effektivität. Ein großer Intensitätsabfall besteht hier von Übung 1 auf 2 (etwa 10 %) und 2 auf 3 (etwa 10 %).
- Übungen mit nahe beieinander liegenden Rangplatzwerten weisen dagegen vergleichbar hohe Intensitäten auf und sind deshalb als nahezu gleichwertig anzusehen. Dies gilt hier für die Übungen 3 bis 6.
- Die Übung Reverse Flys im Sitz an der Maschine, Oberarme innenrotiert und 90° abgespreizt erweist sich als die Top-Übung für den hinteren sowie den mittleren Anteil des Deltamuskels.
- Alle effektiven Übungen für den hinteren Deltamuskel sind Reverse-Fly-Varianten (Plätze 1, 4, 5, 6) oder Reverse-Fly-ähnliche Übungen.
- Der einarmige Trizeps-Kickback ist eine der beiden Top-Übungen für den Trizeps (s. S. 132). Gleichzeitig kann man ihn auch als einarmige Reverse-Fly-Variante ansehen. Sein sehr guter zweiter Platz beweist diese Einschätzung.
- Das Rudern vorgebeugt mit der Langhantel (Platz 3) ist eine hervorragende Komplexübung für die gesamte Rückenmuskulatur. In der Ausführung mit Ristgriff und abgespreizten Oberarmen wird daraus eine effektive Reverse-Fly-Übung.
- Endkontraktionen (Plätze 2, 3, 5) bzw. Reverse-Fly-Varianten mit kurzen, endgradigen Bewegungsamplituden (Plätze 1, 4, 6) erhöhen die Intensität der Muskelkontraktion wesentlich und sind sehr effektiv.

Die besten Übungen im Detail

Die beiden Top-Übungen für den hinteren Anteil des Deltamuskels, Reverse Flys im Sitz an der Maschine, Oberarme innenrotiert und 90° abgespreizt (Rang 1) und Trizeps-Kickback einarmig gestreckt mit Kurzhantel (Rang 2, vgl. Übungen für den Trizeps, S. 130) sowie die effektiven Übungen Reverse Flys in Bauchlage auf der Bank (Rang 5) bzw. im Sitz an der Maschine, Oberarme außenrotiert und 135° abgespreizt (Rang 6) wurden bereits detailliert bei den Übungen für den seitlichen Anteil des Deltamuskels beschrieben (s. S. 69).

RUDERN IM STAND VORGEBEUGT MIT LANGHANTEL (REVERSE-FLY-AUSFÜHRUNG)

Effektivität

- Rudern im Stand vorgebeugt mit Langhantel ist eine hervorragende Übung für den hinteren Deltaanteil (Rang 3) und eine optimale Komplexübung für alle drei Teile des Kapuzenmuskels: Platz 1 für den oberen, Platz 2 für den mittleren und Platz 4 für den unteren Anteil.
- Zusätzlich werden die Rautenmuskeln sowie der Rückenstrecker im Bereich der Brust- und Lendenwirbelsäule hochintensiv aktiviert.
- Endkontraktionen aktivieren die betroffenen Muskeln zusätzlich.

Die besten Übungen – Schultergürtel

Übungsausführung
- Stellen Sie sich etwa schulterbreit mit leicht gebeugten Kniegelenken, neigen Sie den Rumpf nach vorne und halten Sie dabei den Rücken gerade.
- Fassen Sie die Langhantel mit breitem Griff und spannen Sie die Rückenmuskulatur an. Ziehen Sie die Hantel an die Brust und senken Sie sie anschließend kontrolliert wieder ab.
- Die Übung ist technisch anspruchsvoll und muss gewissenhaft erlernt werden, bevor mit schweren Gewichten trainiert wird.

REVERSE FLYS IN BAUCHLAGE, OBERARME INNENROTIERT UND 90° ABGESPREIZT

Bank   Boden

Effektivität
- Diese Übungen sind sehr effektiv für den hinteren Deltaanteil (Rang 4), den gesamten Kapuzenmuskel, die Rautenmuskeln sowie den Rückenstrecker im Bereich der Brustwirbelsäule (Platz 2).
- Die Aktivierung ist bei horizontaler Bankstellung am größten und nimmt umso mehr ab, je steiler die Bank aufgerichtet wird. Endkontraktionen erhöhen die Aktivierung zusätzlich.

Übungsausführung
- Legen sie sich in Bauchlage auf eine Flachbank, halten Sie den Kopf frei in Verlängerung des Rumpfes und ziehen Sie die Beine an (Aufrichten des Beckens).
- Spreizen Sie die Oberarme weit ab (Oberarm-Rumpf-Winkel 90°) und drehen Sie die Unterarme so, dass die Handflächen nach außen zeigen (Innenrotation im Schultergelenk).

- Heben Sie die Kurzhanteln maximal weit nach oben und ziehen Sie dabei die Schulterblätter so eng wie möglich zusammen.
- Bei einer erhöht gestellten Flachbank kann die Übung auch mit einer Langhantel durchgeführt werden.
- Bei der Ausführungsvariante in Bauchlage am Boden setzen Sie die Hände zu Fäusten geballt auf den Boden auf, die Unterarme stehen senkrecht. Dann ziehen Sie die Ellbogen maximal weit nach oben (Schulterblätter zusammenziehen), so dass sich die Fäuste vom Boden abheben. Bei geringer Beweglichkeit oder großer Muskelmasse wird es schwierig, die Fäuste überhaupt vom Boden abzuheben – versuchen Sie es dennoch, die sich ergebende isometrische Kontraktion in Endstellung ist sehr effektiv.

Schwerpunkt: Rotatorenmanschette

Funktion und Training

An der Innen- und Außenrotation im Schultergelenk sind zahlreiche Muskeln beteiligt. Zu den Innenrotatoren gehören neben dem großen Brustmuskel, dem breiten Rückenmuskel und dem vorderen Teil des Deltamuskels auch der große Rundmuskel (M. teres major) und v. a. der Unterschulterblattmuskel (M. subscapularis), der als stärkster Innenrotator gilt. Zu den Außenrotatoren gehören der hintere Anteil des Deltamuskels, der kleine Rundmuskel (M. teres minor) sowie der Unter- und Obergrätenmuskel (M. infraspinatus und M. supraspinatus). Der stärkste Außenrotator ist der M. infraspinatus. Die Muskeln der *Rotatorenmanschette* stabilisieren neben ihren diversen Bewegungsfunktionen den Oberarm im Schultergelenk. Diese Aufgabe ist sehr wichtig, da das Schultergelenk eine mangelnde knöcherne Führung und eine schlaffe, dünne Gelenkkapsel besitzt, die kaum durch Bänder verstärkt wird. Insofern muss die Stabilisierung v. a. über die Schultergelenkmuskulatur erfolgen. In der Bewegungsfunktion kommt den Rotatoren insbesondere beim Turnen, Schwimmen sowie bei allen Wurfsportarten und Rückschlagspielen eine besondere Bedeutung zu. So wird der Arm z. B. bei wurfähnlichen Bewegungen (Schmetterschlag beim Badminton und Volleyball, Aufschlag beim Tennis) aus einer extremen Außenrotationsbewegung explosiv nach vorne in die Innenrotation gezogen. Dies bedeutet z. B. für den M. subscapularis, dass er in der Ausholbewegung gedehnt und anschließend maximal angespannt wird, um den Arm schnellkräftig nach innen zu drehen. Die Außenrotatoren werden bei diesen Bewegungen ruckartig gedehnt, was zu Überbelastungserscheinungen und Verletzungen führen kann, die sich als typische Beschwerden im Schulterbereich zeigen. Diese Beschwerden machen einen Teil des «Rotatorenmanschettensyndroms» aus.

Die vier Muskeln der Rotatorenmanschette sind für Verschleiß und Verletzung besonders anfällig. Der M. supraspinatus zieht dabei unter dem Schulterdach hindurch, welches durch die Schulterhöhe (acromion), den Rabenschnabelfortsatz (hakenförmiger Vorsprung des Schulterblattes: processus coracoideus) und ein die beiden Strukturen verbindendes Band (ligamentum coracoacromiale) gebildet wird. Der Raum zwischen Oberarmkopf und Schulterdach ist jedoch sehr eng. Der Muskel ist in diesem Zwischenraum von zwei Schleimbeuteln umgeben. Verschleiß- oder verletzungsbedingte Veränderungen können erhebliche Beschwerden in der betroffenen Schulter hervorrufen. Besonders bekannt ist der sog. schmerzhafte Bogen («painful arc»), wobei die Schulter schmerzt, wenn der Arm zwischen 60° und 120° abgespreizt (abduziert) wird. Ursache kann neben einer Schleimbeutelentzündung v. a. auch eine schmerzhafte Veränderung der Sehne des M. supraspinatus sein. Eine verdickte Sehne, z. B. durch Entzündung oder Verkalkung, wird bei allen Bewegungen Schmerzen hervorrufen, bei denen sie unter dem Schulterdach eingezwängt wird, was in dem angegebenen Abspreizwinkel der Fall ist.

Interessanterweise wird ein Rotatorentraining im Kraftsport oder Bodybuilding häufig vernachlässigt, was vielleicht auch an fehlenden Kraftmaschinen für die entsprechende Muskulatur liegt. Im Hinblick auf die Vorbeugung vor Verletzungen und eine harmonischen Kraftentwicklung ist jedoch ein gezieltes Krafttraining der Innen- und Außenrotatoren sowohl für Kraftsportler als auch für Athleten vieler anderer Sportarten sinnvoll und empfehlenswert.

Außenrotatoren

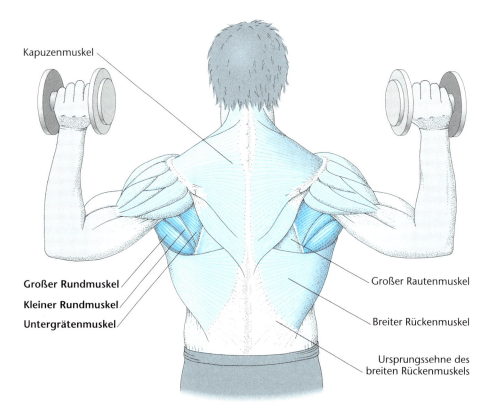

Die besten Übungen – Schultergürtel

Top 4 für die Außenrotatoren (Untergrätenmuskel)

Die Messungen wurden am kräftigsten Außenrotator des Schultergelenks, dem Untergrätenmuskel (M. infraspinatus) durchgeführt. Die Messreihe der Übungen umfasste insgesamt elf Übungen, wovon wir die vier effektivsten in die folgende Rangliste aufgenommen haben.

Nr.	Übung	$\bar{x}R$
1	Außenrotation des Oberarms in Seitlage mit Kurzhantel (S. 85)	1,8
2	Außenrotation des auf eine Bank abgelegen Oberarms mit Kurzhantel (S. 86)	2,5
3	Außenrotation des Oberarms am Kabelzug, Oberarm angelegt (S. 87)	2,6
4	Außenrotation der Oberarme, Arme angehoben, mit Kurzhanteln (S. 88)	3,1

EMG-Rangliste von 4 Übungen für den Untergrätenmuskel nach dem durchschnittlichen Rangplatz; n = 10

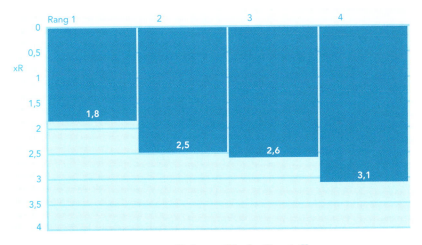

Top 4 für den Untergrätenmuskel, graphische Darstellung

Übersicht: Top 4 für den Untergrätenmuskel

1. Außenrotation des Oberarms in Seitlage mit Kurzhantel

2. Außenrotation des aufgelegten Oberarms mit Kurzhantel

3. Außenrotation des angelegten Oberarms

4. Außenrotation der Oberarme, Arme angehoben, mit Kurzhanteln

Kommentar zur Übungsrangliste für den Untergrätenmuskel

- Die Intensität der Muskelkontraktion nimmt von Übung 1 bis Übung 4 lediglich um etwa 18 % ab.
- Je größer der Intensitätsabfall von einer Übung zur nächsten ausfällt, desto stärker unterscheiden sich die Übungen hinsichtlich ihrer Effektivität. Hier bestehen nur geringe Intensitätsunterschiede zwischen den Übungen, sodass alle vier Übungen im Training effektiv eingesetzt werden können.
- Die Übung «Außenrotation des Oberarms in Seitlage mit Kurzhantel» ist mit geringem Vorsprung die Top-Übung für das Training des Untergrätenmuskels.
- Übungen für die Rotatorenmanschette sind in der Regel nicht in den Standardprogrammen des Krafttrainings zu finden. Daher müssen auch geübte Kraftsportler die korrekte technische Ausführung dieser für sie ungewohnten Übungen zunächst erlernen.

Die besten Übungen – Schultergürtel

Die besten Übungen im Detail

AUSSEN- UND INNENROTATION DES OBERARMS IN SEITLAGE MIT KURZHANTELN

eine Hantel

zwei Hanteln

Effektivität
- Die Übung in Seitlage mit Kurzhanteln ist die Top-Übung (Rang 1) für die Außenrotatoren des einen Armes. Für den anderen Arm trainiert sie gleichzeitig sehr effektiv die Innenrotation.

Übungsausführung
- Legen Sie sich mit leicht angezogenen Beinen in Seitlage auf den Boden oder auf eine breite Bank; beide Arme sind um 90° gebeugt. Der Ellbogen des unteren Armes liegt frei und eng am Körper, der Ellbogen des oberen Armes wird an der Körperseite fixiert.
- Führen Sie die Hanteln mit stabilisierten Handgelenken nach oben, bis sie in Richtung Decke zeigen. Die Oberarme bleiben am Körper fixiert.
- Der obere Arm führt die Außenrotation durch, der untere die Innenrotation. Da die Innenrotatoren deutlich stärker sind als die Außenrotatoren, müssen Sie für den unteren Arm eine schwerere Hantel wählen als für den oberen Arm.
- Die Ausführung der Übung in seitlicher Lage auf einer Bank ist in Bezug auf die Stabilisation des Gleichgewichts schwerer als auf dem Boden, dafür kann das Gewicht des unteren Armes etwas unter das Bankniveau abgesenkt werden, sodass die Bewegungsamplitude für die Innenrotation hier größer wird.
- Sie können die Übung wahlweise auch nur mit einer Hantel entweder nur für die Außen- oder die Innenrotatoren durchführen.

AUSSENROTATION DES AUF EINER BANK AUFGELEGTEN OBERARMS MIT KURZHANTEL

Effektivität
- Diese sehr effektive Übung (Rang 2) aktiviert den Untergrätenmuskel nur geringfügig weniger als die Top-Übung.

Übungsausführung
- Setzen Sie sich neben einer Bank auf den Boden und neigen Sie den Oberkörper leicht vor.
- Fassen Sie die Kurzhantel mit stabilisiertem Handgelenk im Ristgriff, wobei der Arm im Ellbogengelenk 90° gebeugt ist. Legen Sie den Ellbogen und den nach innen rotierten Oberarm auf dem Bankpolster auf. Der Handrücken zeigt nach oben.
- Drehen Sie den Oberarm in die Außenrotation, sodass der Unterarm am Ende der Bewegung schräg nach oben zeigt (nicht ganz senkrecht, sonst fällt die Muskelspannung stark ab).
- Anschließend senken Sie die Hantel wieder kontrolliert ab.

AUSSENROTATION DES OBERARMS AM KABELZUG IM SITZ ODER IM STAND

Sitz

Stand

Effektivität
- Die Außenrotation des Oberarms am Kabelzug ist ähnlich effektiv (Rang 3) wie die Außenrotation des auf der Bank abgelegten Oberarms mit Kurzhantel.

Übungsausführung
- Nehmen Sie eine seitliche Stellung mit leicht gebeugten Knien oder einen seitlichen Sitz am Kabelzug ein.
- Fassen Sie den unten oder in Höhe des Armes eingehängten Zuggriff mit der Außenhand, wobei der Ellbogen etwa 90° gebeugt ist. Der Unterarm liegt in Hüfthöhe vor dem Körper, der Handrücken zeigt nach vorne.
- Fixieren Sie das Handgelenk und spannen Sie die Rumpfmuskulatur an. Führen Sie eine Außenrotation des Oberarms gegen den Zugwiderstand durch, d.h., der Unterarm macht eine Viertelkreisbewegung und zeigt am Ende nach vorne. Der Handrücken zeigt dann nach außen.
- Anschließend führen Sie den Arm kontrolliert bremsend in die Ausgangsstellung zurück.

AUSSENROTATION DES OBERARMS IN RÜCKENLAGE AM KABELZUG

Effektivität
- In Kontrollmessungen hat sich diese Übung als hochintensiv erwiesen.

Übungsausführung
- Legen Sie sich mit angewinkelten Beinen auf den Rücken, die Füße zeigen zum Kabelzug.
- Der Oberarm und möglichst auch der Unterarm des Trainingsarmes liegen auf dem Boden, die Hand zeigt zum Kabelzug, der Handrücken ist oben. Der Oberarm-Rumpf-Winkel und der Ellbogenwinkel betragen jeweils etwa 90°.
- Fassen Sie mit stabilisiertem Handgelenk den Zuggriff. Rotieren Sie den Oberarm nach außen, d. h., der Unterarm führt eine Viertelkreisbewegung durch und zeigt am Ende der Bewegung nach hinten. Der Oberarm bleibt während der ganzen Zeit in seiner Position auf dem Boden.
- Anschließend führen Sie den Arm kontrolliert bremsend in die Ausgangsstellung zurück.

«BEIDARMIGER GRUSS» IM SITZ ODER IM STAND

Effektivität

- Die Übung ist aufgrund der fehlenden Armstabilisation weniger effektiv als die einarmige Variante mit abgelegtem Oberarm.

Übungsausführung

- Nehmen Sie einen schulterbreiten parallelen Stand mit leicht gebeugten Knien ein oder setzen Sie sich auf eine Bank. Der Rumpf ist etwas vorgeneigt, der Rücken gerade.
- Heben Sie die 90° gebeugten Arme mit den Kurzhanteln waagerecht an. Die Handrücken zeigen nach oben (Ristgriff), und die Handgelenke sind fixiert.
- Spannen Sie die Rückenmuskulatur an und führen Sie die Arme mit einer Drehung in die Außenrotation bis zur Hände-Hoch-Stellung nach oben. Die Unterarme zeigen am Ende der Bewegung schräg nach oben, der Winkel im Ellbogengelenk beträgt etwa 90°.
- Senken Sie anschließend die Arme kontrolliert bremsend wieder in die Ausgangsstellung ab.

«TÜRSTEHER» MIT AUSSENROTATION

Effektivität

- Der «Türsteher» ist eine effektive statische Übung zur Kräftigung der Außenrotatoren.

Übungsausführung

- Stehen Sie im schulterbreiten Stand oder in Schrittstellung seitlich an einer Wand oder einem unüberwindbaren Widerstand; der waagerecht angehobene Oberarm und der senkrecht zeigende Unterarm liegen flächig an der Wand an.
- Spannen Sie die Rumpfmuskulatur zur Stabilisierung des Körpers an

und üben Sie mit der Armaußenseite maximalen statischen Druck gegen die Wand aus.
- Vermeiden Sie Pressatmung – atmen Sie regelmäßig!

Innenrotatoren

Der kräftigste Innenrotator, der Unterschulterblattmuskel (M. subscapularis) kann aufgrund seiner Lage unter dem Schulterblatt mit EMG-Oberflächenelektroden nicht gemessen werden. Deshalb muss hier eine EMG-gestützte Übungsrangliste entfallen. Dennoch stellen wir Ihnen die wichtigsten Übungen für das Training der Innenrotatoren detailliert vor.

Innenrotator,
Ansicht von vorne

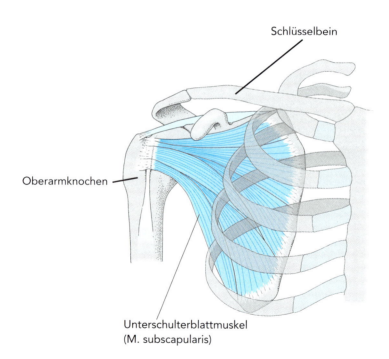

Die besten Übungen – Schultergürtel

Übersicht:
Die wichtigsten Übungen für die Innenrotatoren

1. Innenrotation des Oberarms in Seitlage mit Kurzhantel

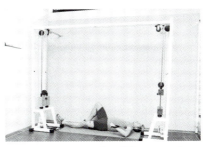

2. Innenrotation des Oberarms in Rückenlage am Kabelzug

3. Innenrotation des Oberarms am Kabelzug, Oberarm angelegt (im Sitz)

4. «Türsteher»

Die besten Übungen im Detail

INNENROTATION DES OBERARMS AM KABELZUG IM SITZ ODER STAND

Übungsausführung

- Nehmen Sie eine seitliche Stellung mit leicht gebeugten Knien oder einen seitlichen Sitz am Kabelzug ein; das Kabel verläuft waagerecht oder kommt leicht von unten.
- Fassen Sie den Griff mit der dem Kabelzug nahen Hand, fixieren Sie den Oberarm in außenrotierter Ausgangsstellung am Oberkörper – der Ellbogen ist 90° gebeugt.
- Fixieren Sie das Handgelenk und spannen Sie die Rumpfmuskulatur an. Führen Sie eine Innenrotation des Oberarms gegen den Zugwiderstand durch: Der Unterarm macht eine Halbkreisbewegung vor dem Rumpf. Am Ende der Bewegung liegt der Unterarm vor dem Rumpf, und der Handrücken zeigt nach außen.
- Anschließend führen Sie den Arm kontrolliert bremsend in die Ausgangsstellung zurück.

INNENROTATION DES OBERARMS IN RÜCKENLAGE AM KABELZUG

Die besten Übungen – Schultergürtel 93

Übungsausführung

- Legen Sie sich in Rückenlage mit angewinkelten Beinen auf einer Matte vor den Kabelzug; der Kopf zeigt zum Kabelzug.
- Der Oberarm des Trainingsarms liegt 90° abgespreizt auf der Matte, der Ellbogenwinkel beträgt ebenfalls etwa 90°. Der außenrotierte Unterarm zeigt in Richtung Kabelzug und liegt – falls Ihre Beweglichkeit es zulässt – auf dem Boden auf.
- Fassen Sie den Zuggriff mit stabilisiertem Handgelenk. Rotieren Sie den Oberarm nach innen, d. h., der Unterarm führt eine Halbkreisbewegung durch und zeigt in der Endstellung zu den Füßen. Der Handrücken ist oben. Der Oberarm bleibt während der gesamten Bewegung in seiner Position auf dem Boden.
- Anschließend führen Sie den Arm kontrolliert bremsend in die Ausgangsstellung zurück.

«TÜRSTEHER» MIT INNENROTATION

Übungsausführung

- Stellen Sie sich frontal mit etwa schulterbreitem Stand bzw. in Schrittstellung vor einen senkrecht unüberwindlichen Widerstand (Gerät, Türstock). Der Oberarm ist waagerecht angehoben, der 90° gebeugte Unterarm liegt flächig an dem senkrechten Gerät an.
- Spannen Sie die Rumpfmuskulatur zur Stabilisation des Körpers an und üben Sie mit der Arminnenseite einen maximalen Innenrotationsdruck gegen den Widerstand aus.
- Vermeiden Sie Pressatmung, atmen Sie regelmäßig.

Zusatz-Info: Weitere Muskeln des Schultergürtels

Die besten Übungen für den Kapuzenmuskel

Der Kapuzenmuskel (M. trapezius) zieht zwar nicht über das Schultergelenk, wird aber dennoch dem Bereich «Schultergürtel» zugeordnet, weil er, unterstützt von den darunter liegenden Rautenmuskeln (Mm. rhomboidei) und dem Rückenstrecker (M. erector spinae), besonders wichtig für den Haltungsaufbau ist und gegen den Rundrücken arbeitet. Detaillierte Übungsranglisten und Messergebnisse finden Sie in den Büchern «Fitnesskrafttraining» (rororo Sport 19481) und «Supertrainer Rücken» (rororo Sport 61044). Nachfolgend stellen wir Ihnen die wichtigsten Übungen kurz vor, damit Sie das Training für den Schultergürtel komplett gestalten können. Die meisten dargestellten Übungen sind effektive Komplexübungen, die für die gesamte Muskulatur des oberen Rückens sehr wirksam sind.

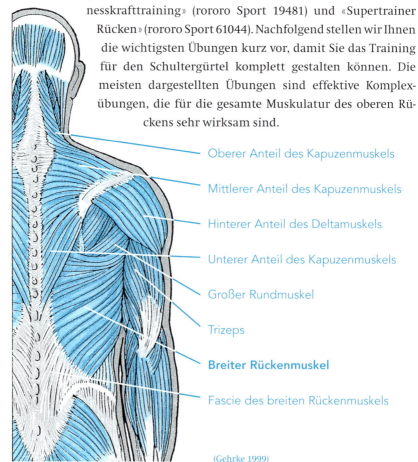

Oberer Anteil des Kapuzenmuskels

Mittlerer Anteil des Kapuzenmuskels

Hinterer Anteil des Deltamuskels

Unterer Anteil des Kapuzenmuskels

Großer Rundmuskel

Trizeps

Breiter Rückenmuskel

Fascie des breiten Rückenmuskels

(Gehrke 1999)

Die besten Übungen – Schultergürtel

REVERSE FLYS 135° AUSSENROTIERT

Bauchlage auf der Flachbank (mit Kurzhanteln)

Sitz an der Maschine

Bauchlage am Boden

RUDERN IM STAND VORGEBEUGT MIT SZ- ODER LANGHANTEL (RISTGRIFF)

45° vorgebeugt

90° vor-
gebeugt

REVERSE FLYS 90° INNENROTIERT

Bauchlage auf der Flachbank mit Kurzhanteln

Sitz an der Maschine

Bauchlage am Boden

Langhantelziehen in Bauchlage auf der Bank

ADLER IM SITZ (MIT/OHNE PARTNERWIDERSTAND)

Großer Adler (135° außenrotiert)

Kleiner Adler (90° innenrotiert)

Die besten Übungen – Schultergürtel

Die besten Übungen für den breiten Rückenmuskel

Der *breite Rückenmuskel* (M. latissimus dorsi) kann der Muskulatur des Schultergürtels zugeordnet werden, weil er vom Kreuzbein, dem Beckenkamm sowie der Brust- und Lendenwirbelsäule kommend (Ursprung) über das Schultergelenk zur Vorderseite des Oberarms zieht (Ansatz). Er senkt den erhobenen Arm nach unten, führt ihn hinter den Körper (Retroversion), zieht ihn an den Körper (Adduktion) und bewirkt eine Innenrotation des Oberarms. Die typischen Kraftübungen für den breiten Rückenmuskel sind Ruder-, Klimm- und Lat-Zug-Übungen. Detaillierte Übungsranglisten und Messergebnisse finden Sie in den Büchern «Fitnesskrafttraining» (rororo Sport 19481) und «Supertrainer Rücken» (rororo Sport 61044).

LAT-DRÜCKEN (RUDERN) IN RÜCKENLAGE

leichte Variante (Gesäß und Fersen aufgesetzt)

mittelschwere Variante (Gesäß aufgesetzt, Oberschenkel angezogen)

schwere Variante (Gesäß abgehoben)

KLIMMZUG
Leichte Variante an der Klimmzug-Maschine

Gewichtsreduzierung

Mittelschwere Varianten

enger Kammgriff zur Brust

Ristgriff zur Brust schwere Variante

weiter Ristgriff zum Nacken mit Zusatzgewicht (sehr schwere Variante)

RUDERN EINARMIG VORGEBEUGT

Kurzhantel mit Kammgriff (effektivste Variante)

LAT-ZIEHEN AN DER LAT-ZUG-MASCHINE

180° mit aufrechtem Oberkörper

135° mit zurückgeneigtem Oberkörper

LAT-ZIEHEN (RUDERN) IM SITZ

Maschine mit Bruststütze

Kabelzug

Schwerpunkt: Vorderer Sägemuskel

Funktion und Training

Der *vordere Sägemuskel* (M. serratus anterior) überdeckt fächerförmig die seitliche Brustwand und zieht zwischen Rippen und Schulterblatt entlang. Bei muskulösen schlanken Personen ist sein sägeblattförmiger unterer Anteil vorne seitlich am Rumpf deutlich zu erkennen. Der vordere Sägemuskel ist einer der wichtigsten Stabilisatoren des Schulterblatts, da er es an die Brustwand heranzieht und somit fixiert. Der untere Teil ist zusätzlich am Heben des Armes über die Horizontale, der obere hingegen am Senken des erhobenen Armes beteiligt.

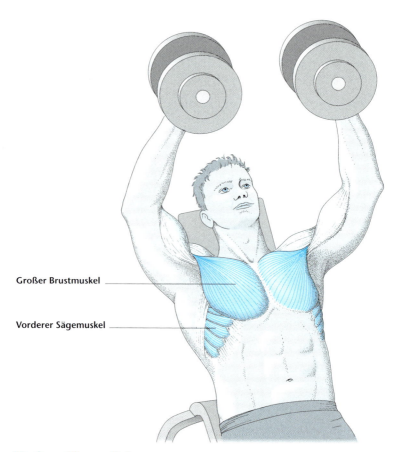

Vorderer Sägemuskel

Die besten Übungen – Schultergürtel

Top 6 für den vorderen Sägemuskel

In der Literatur zum Krafttraining werden für das Training des Sägemuskels (M. serratus) sehr unterschiedliche Übungen vorgeschlagen. Gesicherte Erkenntnisse lagen bisher nicht vor. Für eine Messung mit EMG-Oberflächenelektroden sind nur der mittlere und untere Anteil des vorderen Sägemuskels zugänglich, der obere Anteil ist von anderen Muskeln bedeckt. Unsere Messreihe umfasste insgesamt elf Übungen. Wir haben die sechs effektivsten Übungen für die folgende Rangliste ausgewählt.

Nr.	Übung	$\bar{x}\,R$
1	Frontdrücken im aufrechten Sitz an der Multipresse (S. 60)	1,1
2	Nackendrücken an der Multipresse (S. 63)	2,5
3	Reverse Flys in Bauchlage auf der Bank, Oberarme außenrotiert und 135° abgespreizt (S. 71)	2,8
4	Bankdrücken an der Multipresse, Schrägbank + 45° (S. 62)	3,8
5	Arm-Seitheben beidarmig im Stand mit Kurzhanteln und fast gestreckten innenrotierten Armen (S. 73)	5,3
6	Bankdrücken an der Multipresse, Flachbank (S. 45)	5,5

EMG-Rangliste von 6 Übungen für den vorderen Sägemuskel nach dem durchschnittlichen Rangplatz $\bar{x}\,R$; n = 10

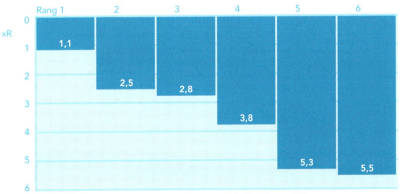

Top 6 für den vorderen Sägemuskel, graphische Darstellung

Übersicht:
Top 6 für den vorderen Sägemuskel

1. Frontdrücken im aufrechten Sitz an der Multipresse

2. Nackendrücken an der Multipresse

3. Reverse Flys in Bauchlage auf der Bank, Oberarme außenrotiert und 135° abgespreizt

4. Bankdrücken an der Multipresse, Schrägbank +45°

5. Arm-Seitheben beidarmig im Stand mit Kurzhanteln und fast gestreckten innenrotierten Armen

6. Bankdrücken an der Multipresse, Flachbank

Die besten Übungen – Schultergürtel

Kommentar zur Übungsrangliste für den vorderen Sägemuskel

- Die Intensität der Muskelkontraktion nimmt von Übung 1 bis Übung 6 um etwa 65 % ab.
- Je größer der Intensitätsabfall von einer Übung zur nächsten ausfällt, desto stärker unterscheiden sich die Übungen hinsichtlich ihrer Effektivität. Ein großer Intensitätsabfall besteht hier von den Übungen 1 auf 2 (etwa 16 %), 3 auf 4 (etwa 20 %) und 4 auf 5 (32 %).
- Übungen mit nahe beieinander liegenden Rangplatzwerten weisen dagegen vergleichbar hohe Intensitäten auf und sind deshalb als nahezu gleichwertig anzusehen. Dies gilt hier für die Übungen 2 und 3 sowie 5 und 6.
- Die Übung «Frontdrücken im aufrechten Sitz an der Multipresse» erweist sich eindeutig als die Top-Übung für den vorderen Sägemuskel.
- Die Übungsrangliste zeigt, dass der vordere Sägemuskel umso stärker aktiviert wird, je höher die Arme gegen Widerstand angehoben werden. Dies entspricht der anatomischen Funktion des M. serratus anterior, der die Schulterblattdrehung unterstützt, die notwendig ist, um den Arm über 90° anzuheben. Folglich sind die Übungen für diesen Muskel umso effektiver, je größer der Winkel zwischen Oberarm und Rumpf in der Stellung ist.
- Aufgrund des entscheidenden Einflusses des Winkels zwischen dem Oberarm und dem Rumpf sind die Übungen, bei denen die Gewichte senkrecht über den Kopf gehoben werden, am effektivsten (Plätze 1 und 2, Oberarm-Rumpf-Winkel etwa 180°), gefolgt von den Übungen, bei denen die Gewichte schräg nach oben gehoben werden (Plätze 3 und 4, Oberarm-Rumpf-Winkel etwa 135°). Bei den Übungen auf den Plätzen 5 und 6 wird nur ein Oberarm-Rumpf-Winkel von 90° erreicht. Auch die hohen Lasten, die beim Bankdrücken auf der Flachbank bewältigt werden, können die funktionell-anatomischen Defizite nicht ausgleichen.

Die besten Übungen im Detail

Alle effektiven Übungen für den vorderen Sägemuskel wurden bereits in den Kapiteln zum Deltamuskel (Frontdrücken, Nackendrücken, Reverse Flys in Bauchlage, Arm-Seitheben mit Kurzhanteln im Stand; s. S. 60 ff.) und zum Großen Brustmuskel (Bankdrücken an der Multipresse, Schrägbank und Flachbank; s. S. 44 ff.) detailliert beschrieben.

Die besten Übungen für die Arme

Schwerpunkt: Bizeps

Funktion und Training

Kein anderer Muskel wird so eng mit Kraft und Athletik in Verbindung gebracht wie der *Bizeps*. Der an der Oberarmvorderseite gelegene M. biceps brachii wölbt sich bei Kontraktion deutlich sichtbar unter der Haut. Aufgrund seiner Lage wirkt er als zweigelenkiger Muskel auf das Schulter- und Ellbogengelenk. Im Schultergelenk hilft er den Arm an den Körper zu ziehen (Adduktion) und nach vorne zu bringen (Anteversion). Darüber hinaus dreht er den Arm, so dass die Handfläche oben liegt (Supination). Seine Hauptfunktion – die Beugung im Ellbogengelenk – wird durch zwei weitere Muskeln unterstützt, den Oberarmspeichenmuskel (M. brachioradialis) und den Armbeuger (M. brachialis). Je nach Handstellung sind die einzelnen Muskeln an der Armbeugefunktion unterschiedlich beteiligt. Der M. biceps brachii entwickelt seine höchste Kraft im Supinations- oder Kammgriff (z. B. Bizepscurl – Handinnenfläche bzw. Daumen zeigen nach oben). Dies liegt daran, dass seine Ansatzsehne in Supinationsstellung entrollt ist und ohne Kraftverlust arbeiten kann. Mit zunehmender Drehung in die Pronationsposition (Handrücken zeigt zunehmend nach oben) wickelt sich die Bizepssehne immer mehr um die Speiche (radius: einer der beiden Unterarmknochen), wodurch schlechtere biomechanische Bedingungen für die Entwicklung der Muskelkraft gegeben sind. Daher kann der Bizeps in Pronationsstellung (Pronations- oder Ristgriff – z. B. Bizepscurl – Handrücken zeigt nach oben) deutlich weniger Kraft entwickeln.

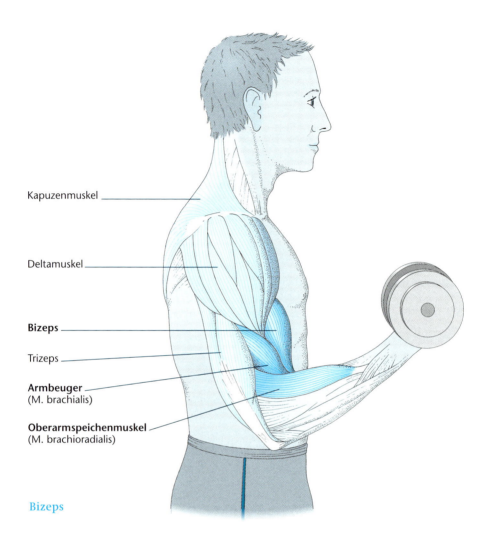

Die besten Übungen – Arme

Top 8 für den Bizeps

Die Messreihe der Übungen für den Bizeps umfasste insgesamt zwanzig Übungen. Wir haben die acht effektivsten Übungen in die folgende Rangliste aufgenommen. Vorausgegangene Untersuchungen haben ergeben, dass sich die Messwerte für den langen und den kurzen Bizepskopf nicht wesentlich unterscheiden. Die Messung erfolgte hier am langen Kopf des Bizeps.

Nr.	Übung	$\bar{x}$ R
1	Konzentrations-Curl im Sitz am Boden gegen den Beinwiderstand (S. 111)	3,0
2	Scott-Curl einarmig an der Schrägbank mit Kurzhantel (S. 115)	3,2
3	Scott-Curl beidarmig am Scott-Curl-Gerät mit SZ-Hantel (S. 114)	3,4
4	Langhantel-Curl im Stand (S. 116)	4,6
5	Curls im Sitz auf der Schrägbank mit Kurzhanteln (S. 117)	5,1
6	Konzentrations-Curl im Sitz auf der Bank, mit Supinationsdrehung des Unterarms mit Kurzhantel (S. 112)	5,5
7	Konzentrations-Curl im Sitz auf der Bank, mit Kurzhantel im Hammergriff (S. 112)	5,5
8	Curls beidarmig im Stand am Kabelzug (S. 116)	5,7

EMG-Rangliste von 8 Übungen für den Bizeps nach dem durchschnittlichen Rangplatz $\bar{x}$ R; n = 10

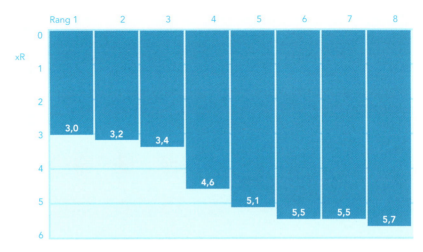

Top 8 für den Bizeps, graphische Darstellung

Übersicht: Top 8 für den Bizeps

1. Konzentrations-Curl im Sitz am Boden gegen den Beinwiderstand

2. Scott-Curl einarmig an der Schrägbank mit Kurzhantel

3. Scott-Curl beidarmig am Scott-Curl-Gerät mit SZ-Hantel

4. Langhantel-Curl im Stand

Die besten Übungen – Arme

5. Curls im Sitz auf der Schrägbank mit Kurzhanteln

6. Konzentrations-Curl im Sitz auf der Bank, mit Supinationsdrehung des Unterarms mit Kurzhantel

7. Konzentrations-Curl im Sitz auf der Bank, mit Kurzhantel im Hammergriff

8. Curls beidarmig im Stand am Kabelzug

Kommentar zur Übungsrangliste für den Bizeps

- Die Intensität der Muskelkontraktion nimmt von Übung 1 bis Übung 8 nur um etwa 25 % ab.
- Je größer der Intensitätsabfall von einer Übung zur nächsten ausfällt, desto stärker unterscheiden sich die Übungen hinsichtlich ihrer Effektivität. Ein großer Intensitätsabfall besteht hier von Übung 3 auf Übung 4.
- Übungen mit nahe beieinander liegenden Rangplatzwerten weisen dagegen vergleichbar hohe Intensitäten auf und sind deshalb als nahezu gleichwertig anzusehen. Dies gilt hier für die Übungen 1 bis 3 und 5 bis 8.
- Die Übung «Konzentrations-Curl im Sitz am Boden gegen den Beinwiderstand» ist die Top-Übung für den Bizeps.
- Fast ebenso intensiv sind die beiden Varianten der Scott-Curls auf den Plätzen 2 und 3.

- Alle Bizeps-Curl-Varianten erweisen sich als effektive Trainingsübungen, weil ihre Intensität insgesamt nur um etwa 20 % variiert. Lediglich die beidarmigen Curls am Kabelzug (Platz 8) weisen eine noch etwas geringere Intensität auf.
- Die Heimübung ohne Gerät (Platz 1) erzielt die höchsten Muskelspannungen. Der Grund für diesen überraschenden Sachverhalt liegt in der Möglichkeit, den Widerstand bei dieser Übung willkürlich so zu verändern, dass beim Beugen des Armes (konzentrische Phase) jeweils ein maximaler Widerstand erzeugt wird, beim Strecken des Armes (exzentrische Phase) jedoch noch höhere, supramaximale Widerstände möglich sind. Dies ist bei einer konstanten Last, z. B. bei einer Hantel, nicht möglich.
- Fast ebenso intensiv wie der Curl gegen den Beinwiderstand ist als Top-Übung mit Gerät der einarmige Scott-Curl, gefolgt von der beidarmigen Scott-Curl-Variante. Die Übungen verdanken ihren Namen dem legendären Bodybuilder Larry Scott, der diese Übung bevorzugte. Die perfekte Stabilisierung der Oberarme ermöglicht einen sehr intensiven isolierten Einsatz des Bizeps.
- Der Langhantel-Curl im Stand (Platz 4) folgt mit einer etwa 17 %-igen Intensitätsminderung.
- Die fast gleichwertigen Übungen auf den Plätzen 5 bis 8 umfassen v. a. Varianten der Übung Konzentrationscurl mit Kurzhantel. Dabei ist es unerheblich, ob der Bizeps-Curl mit supiniertem Unterarm (Handfläche zeigt nach oben), mit Drehung des Unterarms oder mit Hammergriff durchgeführt wird. Lediglich die Pronationsstellung des Unterarms (Handrücken zeigt nach oben) führt zu einer wesentlich geringen Muskelaktivierung, weil bei dieser Griffvariante deutlich weniger Gewicht bewältigt werden kann.
- Die Komplexübungen Latissimus-Ziehen, Rudern und Klimmziehen sind nicht in den Top 8 enthalten, weil sie den Bizeps deutlich weniger intensiv aktivieren als die Bizeps-Spezialübungen. Sie eignen sich deshalb nicht für ein spezielles Bizepstraining.
- Die Übungsrangliste für den Oberarmspeichenmuskel (M. brachioradialis) enthält mehrere Übungen, die auch für den Bizeps sehr effektiv sind (s. S. 119).

Die besten Übungen – Arme

Die besten Übungen im Detail

Besondere Hinweise

Ein isoliertes Training der einzelnen Anteile des Bizeps ist kaum möglich, da die Beachtung der Nebenfunktionen des Bizeps im Schultergelenk keine nennenswerten Unterschiede hervorruft. In der Bodybuildingpraxis wird häufig davon ausgegangen, dass bei extrem supinierter Unterarmstellung (zusätzliches starkes Hochziehen der Handkante der Kleinfingerseite im Kammgriff) v. a. der «Wölbungspeak» des Bizeps trainiert wird, während bei weniger supinierter Position die Länge des Bizeps angesprochen wird. Wissenschaftliche Ergebnisse liegen dazu nicht vor. Die genetischen Voraussetzungen dürften hierbei aber wohl die entscheidende Rolle spielen.

Ein schulterbreiter oder weiter Griff ist bei Curl-Bewegungen für den Bizeps vorteilhafter als ein enger Griff. In der Streckphase des Arms sollte das Ellbogengelenk nicht ganz durchgedrückt werden, da hierbei die Aktivierung abnimmt. Bei allen Übungen müssen die Handgelenke aktiv stabilisert werden.

KONZENTRATION-CURL IM SITZ AM BODEN GEGEN DEN BEINWIDERSTAND

Boden

Bank

Effektivität

- Der Konzentration-Curl gegen den Beinwiderstand ist die Top-Übung (Rang 1) für den Bizeps. Da der Widerstand nicht durch ein fixiertes Gewicht gegeben wird, kann durch den eigenen Beinwiderstand unabhängig von der Bewegungsphase (konzentrisch beugen oder exzentrisch stre-

cken) und der Ermüdung durch vorausgehende Wiederholungen in jeder Phase der Bewegung ein maximaler Widerstand entgegengebracht werden.
- Bei Curls auf der Bank ist der Arbeitsweg länger und die Intensität etwas höher als bei Curls im Sitz am Boden.

Übungsausführung
- Setzen Sie sich aufrecht auf eine Bank oder den Boden, die Beine sind etwa 90° geöffnet.
- Stützen Sie den rechten Oberarm gegen die rechte Oberschenkelinnenseite ab. Die freie Hand umfasst den linken Oberschenkel von unten, knapp oberhalb des Kniegelenks.
- Das Gewicht des Beines wird durch Beugen des Ellbogens nach oben gehoben und bei der Streckung gebremst. Durch zusätzlichen Druck des Beines nach unten intensivieren Sie die negative (exzentrische) Phase der Bewegung.

KONZENTRATION-CURL IM SITZ MIT KURZHANTEL

Effektivität
- Diese Übung ist sehr effektiv für den Bizeps (Rang 5) und mit Hammergriff auch für den Oberarmspeichenmuskel (Rang 4, s. S. 119).
- Die Griffvarianten Supinationsgriff (Handinnenflächen zeigen nach oben), Hammergriff (Hand in Mittelstellung, so dass der Daumen oben liegt) oder eine gedrehte Variante von Supination zum Hammergriff sind in etwa gleich effektiv. Bei proniertem Arm (Handrücken zeigt nach oben) ist die Aktivierung aufgrund des deutlich geringeren bewältigbaren Gewichts nur noch sehr gering.
- Die unten erklärte Ausgangsstellung berücksichtigt, dass in der Endphase der Bewegung bei der maximalen Beugung der Unterarm nahezu

waagerecht vor dem Körper liegt, d. h. ein sehr langer Hebelarm gegeben ist. Nur in dieser Position ist eine maximale Beugung im Ellbogen und somit auch die Durchführung von Endkontraktionen sinnvoll. Viele Trainierende fixieren den Ellbogen auch in der Leistenbeuge. Bei dieser Übungsausführung sollte der Arm nicht maximal gebeugt werden, da hier die Spannung bei einem kleinen Ellbogenwinkel abfällt.

Übungsausführung

- Setzen Sie sich auf eine Bank und stabilisieren Sie den freien Oberarm an der Oberschenkelinnenseite der gleichen Körperseite.
- Legen Sie Ihren Trainingsarm zur Stabilisation mit der Rückseite des Oberarms an der Innenseite des weit nach außen gestellten Oberschenkels etwas oberhalb des Kniegelenks ab; der Unterarm zeigt zum anderen Bein (Innenrotation des Oberarms im Schultergelenk). Neigen Sie Ihren Oberkörper mit geradem Rücken etwas nach vorne.
- Senken Sie das Gewicht ab. Strecken Sie das Ellbogengelenk nicht ganz, da in der Endphase die Aktivierung des Muskels absinkt. Heben Sie das Gewicht wieder an.
- Eine Drehung während der Übungsausführung aus der Pronationsstellung (Handrücken zeigt nach oben) in die Supinationsstellung erbringt keinen Vorteil, da im ersten Teil der Bewegung bis zum Hammergriff der Bizeps aufgrund der Aufwicklung seiner Sehne um die Speiche weniger aktiviert werden kann.

Scott-Curl
EFFEKTIVITÄT

- Scott-Curls sind aufgrund der sehr guten Stabilisierung der Oberarme und des relativ isolierten Einsatzes des Bizeps hocheffektiv sowohl für den Bizeps (Ränge 2 und 3) als auch für den Oberarm-Speichenmuskel (Ränge 2 und 5, s. S. 119).

BEIDARMIGER BIZEPSCURL AN DER SCOTT-CURL-MASCHINE

Übungsausführung

- Wählen Sie die Sitzposition an einer Scott-Curl-Maschine so, dass die Knie tiefer sind als die Hüfte; die Brust sowie die gesamte Oberarmrückseite liegen auf dem hierfür vorgesehenen Polster, der Rücken ist gerade.
- Richten Sie die Sitzposition so ein, dass die Drehachse des Geräts und die Ellbogengelenke auf einer Linie liegen. Fassen Sie die Griffhebel und spannen Sie die Rückenmuskulatur an.
- Beugen und strecken Sie die Arme, wobei in der Beugephase maximal angebeugt werden kann, da die Excenterscheibe in allen Bewegungsphasen eine gleichbleibende Belastung sicherstellt.
- Die meisten Maschinen lassen sowohl einen beidarmigen als auch einen einarmigen Curl zu.

BEIDARMIGER SCOTT-CURL MIT SZ-HANTEL

Übungsausführung

- Setzen Sie sich mit möglichst geradem Rücken auf eine Curl-Bank und legen Sie die Oberarme vor dem Köper auf dem dafür vorgesehenen Polster ab.
- Ergreifen Sie die SZ-Hantel im schulterbreiten Griff.

- Beugen und strecken Sie die Arme, wobei in der Streckphase die Arme nicht ganz durchgedrückt und in der Beugephase nur geringfügig über die Waagerechte gebracht werden.

EINARMIGER SCOTT-CURL AN DER SCHRÄGBANK MIT KURZHANTEL ODER AM KABELZUG

Übungsausführung

- Stellen Sie sich in Ausfallschrittstellung mit geradem Rücken hinter eine relativ steil gestellte Schrägbank und legen Sie den Arm auf dem Polster ab.
- Stabilisieren Sie aktiv das Handgelenk und beugen und strecken Sie das Ellbogengelenk. Wenn Sie mit Kurzhantel trainieren, sollten Sie keine maximale Beugung des Ellbogengelenks durchführen. Je weiter der Unterarm über die Waagerechte nach oben zeigt, desto mehr fällt die Bizepsaktivität ab, da sich der Lastarm verkürzt. Beim Absenken der Hantel sollte der Arm nicht ganz durchgestreckt werden. Die Bewegungsamplitude für den hochwirksamen Bereich ist also sehr klein.
- Am Kabelzug kann der Arm hingegen maximal gebeugt werden, da der Zugwiderstand in allen Bewegungsphasen wirksam ist.

BEIDARMIGER BIZEPSCURL MIT LANGHANTEL, MIT SZ-HANTEL ODER AM KABELZUG IM STAND

Effektivität

- Die Varianten des beidarmigen Bizeps-Curl mit der Langhantel, SZ-Hantel oder am Kabelzug sind effektive Bizepsübungen (Ränge 4 und 8), wenngleich die Aktivierung aufgrund der fehlenden Stabilisation der Oberarme geringer ist als beim Scott-Curl. Der freie Langhantelcurl führt auch beim Oberarmspeichenmuskel noch zu einer ordentlichen Muskelaktivierung (Rang 6).
- Ein schulterbreiter oder etwas breiterer Griff ist geringfügig effektiver als ein sehr enger Griff.

Übungsausführung

- Nehmen Sie einen etwa schulterbreiten Stand oder die Schrittstellung mit leicht gebeugten Knien ein. Fassen Sie die Langhantel oder die Kabelzugstange mit schulterbreitem oder breiterem Griff. Stabilisieren Sie die Handgelenke aktiv.
- Spannen Sie die Rumpfmuskulatur an und beugen und strecken Sie das Ellbogengelenk ohne Schwungbewegung.
- Da viele Trainierende mit zunehmender Ermüdung bei der Übung mit der Langhantel oder SZ-Hantel am Ende eines Satzes geneigt sind, die

letzten Wiederholungen mit einer Schaukel-Schwungbewegung durchzuführen (ggf. negativer Zug ins Hohlkreuz), empfehlen wir Ihnen, sich bei dieser Übung mit dem Rücken gerade an eine Wand zu stellen.

BIZEPSCURL MIT ZWEI KURZHANTELN IM SITZ ODER IM STAND

Effektivität

- Der Bizepscurl mit zwei Kurzhanteln ist auch eine effektive Übung für den Bizeps, wenngleich die Aktivierung aufgrund der fehlenden Stabilisierung geringer ist als bei den Top-Übungen.

Übungsausführung

- Setzen Sie sich mit dem Rücken und zurückgezogenen Schultern gerade an die Banklehne oder stellen Sie sich etwa schulterbreit oder in Schrittstellung aufrecht hin.
- Beugen und strecken Sie die Ellbogengelenke entweder links oder rechts abwechselnd oder gleichzeitig. Die Arme werden weder maximal gebeugt noch ganz durchgestreckt.
- Da ein Widerlager für den Oberarm fehlt, müssen Sie den Oberarm aktiv stabilisieren. Versuchen Sie die Übung ohne Schwung durchzuführen.
- Wenn die Arme etwas vor dem Köper gehalten werden, wird auch die Anteversionsfunktion des Bizeps (Arm nach vorne führen) angesprochen, da der Oberarm gegen die Schwerkraft etwas angehoben gehalten werden muss. Dabei wird auch der vordere Teil des Deltamuskels aktiviert. Die Bewegungsamplitude wird dadurch verringert.

Schwerpunkt: Oberarmspeichenmuskel

Funktion und Training

Der mit seiner Hauptmuskelmasse am Unterarm gelegene *Oberarmspeichenmuskel* (M. brachioradialis) ist ein kräftiger Beuger im Ellbogengelenk, der den Arm zudem noch einwärts (Pronation) als auch auswärts (Supination) bis zur jeweiligen Mittelstellung drehen kann. Im Gegensatz zum Bizeps ist er allerdings kein schnellkräftiger Beuger, sondern eher ein ausdauernder Lastenbeuger.

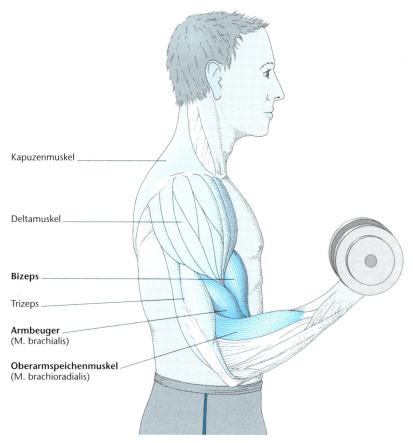

Oberarmspeichenmuskel

Top 6 für den Oberarmspeichenmuskel

Der Oberarmspeichenmuskel liegt trotz seines Namens am Unterarm. Er ist neben dem Bizeps und dem M. brachialis der dritte kräftige Beuger des Ellbogengelenks und wird deshalb auch bei allen Bizepsübungen mittrainiert. Die gesamte Messreihe für den Oberarmspeichenmuskel umfasste insgesamt zwanzig Übungen, wovon sechs in die Top-Übungsrangliste aufgenommen wurden.

Nr.	Übung	$\bar{x}$ R
1	Klimmziehen mit engem Kammgriff (S. 113)	2,4
2	Scott-Curl einarmig an der Schrägbank mit Kurzhantel (S. 115)	2,8
3	Konzentrations-Curl im Sitz am Boden gegen den Beinwiderstand (S. 111)	2,9
4	Konzentrations-Curl im Sitz auf der Bank mit Kurzhantel im Hammergriff (S. 112)	4,1
5	Scott-Curl beidarmig am Scott-Curl-Gerät mit SZ-Hantel (S. 114)	4,1
6	Langhantel-Curl im Stand (S. 116)	4,7

EMG-Rangliste von 6 Übungen für den Oberarmspeichenmuskel nach dem durchschnittlichen Rangplatz $\bar{x}$ R; n = 10

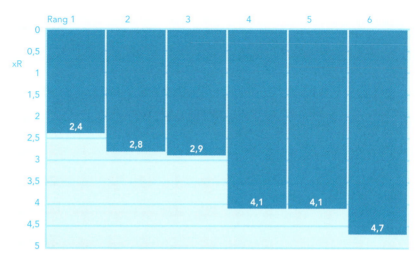

Top 6 für den Oberarmspeichenmuskel, graphische Darstellung

Übersicht:
Top 6 für den Oberarmspeichenmuskel

1. Klimmziehen mit engem Kammgriff

2. Scott-Curl einarmig an der Schrägbank mit Kurzhantel

3. Konzentrations-Curl im Sitz am Boden gegen den Beinwiderstand

4. Konzentrations-Curl im Sitz auf der Bank mit Kurzhantel im Hammergriff

5. Scott-Curl beidarmig am Scott-Curl-Gerät mit SZ-Hantel

6. Langhantel-Curl im Stand

Kommentar zur Übungsrangliste für den Oberarmspeichenmuskel

- Die Intensität der Muskelkontraktion nimmt von Übung 1 bis Übung 6 um etwa 20 % ab.
- Nahezu gleichwertige Übungen sind hier die Übungen 1 bis 3 sowie 4 und 5.
- Alle sechs Übungen sind effektiv für den Oberarmspeichenmuskel, wobei die Übungen auf den Plätzen 1 bis 3 fast gleichwertig an der Spitze liegen, gefolgt von den Übungen auf den Plätzen 4 bis 6, die geringfügig weniger intensiv sind.
- Die aufgrund des unterschiedlichen Körpergewichts der Menschen nicht standardisierte Übung «Klimmziehen mit engem Kammgriff» erreicht den 1. Platz.
- Die beiden Top-Übungen für den Bizeps, die einarmigen Scott-Curls und die Konzentrationscurls gegen den Beinwiderstand (Plätze 2 und 3, s. S. 115 und 111) erweisen sich auch für den Oberarmspeichenmuskel als hocheffektiv. Sie sind fast ebenso intensiv wie das Klimmziehen (Platz 1).
- Die fast gleichwertigen Übungen auf den Plätzen 4 bis 5 sind 15 bis 20 % weniger intensiv als die Übungen auf den Plätzen 1 bis 3. Dennoch sind sie empfehlenswerte und effektive Varianten.
- Bei den Konzentrationscurls im Sitz mit Kurzhantel erweist sich die Variante mit Hammergriff für den Oberarmspeichenmuskel als effektiver als die Varianten in Supinationsstellung oder mit Drehung des Unterarms.

Die besten Übungen im Detail

KLIMMZIEHEN MIT ENGEM KAMMGRIFF

Klimmziehen

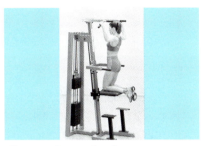

Klimmziehen, erleichtert

Klimmziehen mit Beinunterstützung

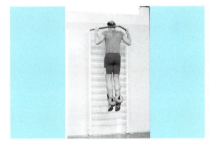

Klimmziehen mit Zusatzgewicht

Effektivität

- Die Übung Klimmziehen mit engem Kammgriff ist die Top-Übung (Rang 1) für den Oberarmspeichenmuskel und eine effektive Übung für den Breiten Rückenmuskel.
- Die Effektivität hängt vom Körpergewicht und der individuellen Leistungsfähigkeit ab. Wenn Sie nur einen bis zwei Klimmzüge bewältigen können, so stellt jede Einzelwiederholung eine annähernd maximale Kraftleistung dar. Sind hingegen 20 Klimmzüge ohne Pause möglich, dann ist die Muskelaktivierung bei jedem einzelnen Klimmzug vergleichsweise deutlich geringer.
- Beim Absenken des Körpers sollten die Ellbogengelenke immer ein wenig gebeugt bleiben. Bei gestreckten Armen ist kaum noch Muskelaktivität vorhanden, das Körpergewicht wird in diesem Fall nur durch die passiven Strukturen des Bewegungsapparates gehalten.

Übungsausführung

- Fassen Sie die Klimmzugstange im engen Kammgriff und ziehen Sie den Körper zur Stange hoch.
- Senken Sie den Rumpf beim Nachgeben nicht vollständig ab (lassen Sie die Arme immer etwas gebeugt), weil sonst die Muskelaktivität des breiten Rückenmuskels und des Bizeps nachlässt.
- Wenn Ihre Kraft für eine ganze Serie Klimmzüge noch nicht ausreicht, können die Übung auch mit Beinunterstützung oder an der Klimmzug-Maschine mit Gewichtsreduzierung durchführen. Bei hohem Kraftniveau können Sie die Intensität durch Zusatzgewichte an den Füßen oder an der Hüfte mit Gewichtsgurt deutlich erhöhen.

Alle anderen Übungen aus der Rangliste für den Oberarmspeichenmuskel wurden bereits bei dem Abschnitt Bizepsübungen detailliert beschrieben (s. S. 111 f f.).

Schwerpunkt: Trizeps

Funktion und Training

Aufgrund seiner Hauptfunktion als einziger Strecker im Ellbogengelenk und seiner Lage auf der Oberarmrückseite kommt dem Trizeps sowohl bei zahlreichen Sportarten wie z. B. Wurf- und Rückschlagsportarten, Boxen, Turnen oder Kraftsport als auch bei der Körperformung eine große Bedeutung zu. Der Trizeps setzt sich aus drei Muskelanteilen zusammen: dem langen Kopf (caput longum), der als zweigelenkiger Muskelstrang über das Schulter- und Ellbogengelenk zieht und neben der Ellbogenstreckung noch bei der Armrückführung (Retroversion) sowie beim Heranziehen des Armes an den Körper (Adduktion) beteiligt ist, sowie dem inneren und äußeren kurzen Kopf (caput mediale und laterale), die nur das Ellbogengelenk strecken.

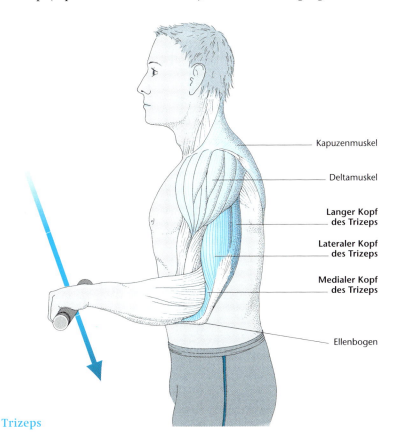

Trizeps

Top 6 für den Trizeps

Die Messreihe für den seitlichen (caput laterale) und den langen (caput longum) Kopf des Trizeps umfasste insgesamt 27 Übungen. Der Trizeps wurde exemplarisch als Gegenstand intensiver Forschung am Institut für Sportwissenschaft der Universität Bayreuth ausgewählt. Die Messreihe wurde mit 4 Probandengruppen à 10 Personen, davon einer weiblichen Gruppe, durchgeführt. Das umfangreiche Datenmaterial wird nachfolgend zusammengefasst erläutert.

Nr.	Übung	$\bar{x}\,R$
1	Trizeps-Kickback einarmig gestreckt mit Kurzhantel, mit Retroversion, Adduktion und Endkontraktion (S. 132)	2,0
2	Trizepsdrücken im Stand am Kabelzug mit Seil, Teilbewegungen ab 90° Ellbogengelenkwinkel (S. 130)	2,6
3	Trizepsdrücken in Rückenlage auf der Bank mit SZ-Stange, Oberarme senkrecht (french presses) (S. 134)	3,4
4	Liegestütz mit enger Handstellung und körpernaher Oberarmführung (S. 48)	3,4
5	Trizepsdrücken im Stand am Kabelzug mit Griffstange, Teilbewegungen ab 90° Ellbogengelenk (S. 130)	4,1
6	Trizepsdrücken am Kabelzug mit vorgebeugtem Oberkörper (S. 128)	5,5

EMG-Rangliste von 6 Übungen für den Trizeps, seitlicher Kopf, nach dem durchschnittlichen Rangplatz $\bar{x}\,R$; n = 10

Nr.	Übung	x̄ R
1	Trizepsdrücken im Stand am Kabelzug mit Seil, Teilbewegungen ab 90° Ellbogengelenkwinkel (S. 130)	1,9
2	Trizepsdrücken im Stand am Kabelzug mit Griffstange, Teilbewegungen ab 90° Ellbogengelenkwinkel (S. 130)	3,0
3	Trizepsdrücken am Kabelzug mit Griffstange mit vorgebeugtem Oberkörper (S. 128)	3,3
4	Trizepsdrücken in Rückenlage auf der Bank mit SZ-Stange, Oberarme senkrecht (french presses) (S. 134)	4,2
5	Trizeps-Kickback einarmig gestreckt mit Kurzhantel, mit Retroversion, Adduktion und Endkontraktion (S. 132)	4,2
6	Liegestütz mit enger Handstellung und körpernaher Oberarmführung (S. 48)	4,4

EMG-Rangliste von 6 Übungen für den Trizeps, langer Kopf, nach dem durchschnittlichen Rangplatz x̄ R; n = 10

Übersicht: Top 6 für den Trizeps

1. Trizepsdrücken im Stand am Kabelzug mit Seil, Teilbewegungen ab 90° Ellbogengelenkwinkel

2. Trizeps-Kickback einarmig gestreckt mit Kurzhantel, mit Retroversion, Adduktion und Endkontraktionen

3. Trizepsdrücken im Stand am Kabelzug mit Griffstange, Teilbewegungen ab 90° Ellbogengelenkwinkel

4. Trizepsdrücken in Rückenlage auf der Bank mit SZ-Stange, Oberarme senkrecht (French presses)

5. Liegestütz mit körpernaher Handstellung und enger Oberarmführung

6. Trizepsdrücken am Kabelzug mit Griffstange mit vorgebeugtem Oberkörper

Die besten Übungen – Arme

Kommentar zu den Übungsranglisten für den Trizeps

- Es liegen zwei unterschiedliche Top-Übungen für die beiden Trizepsanteile vor.
  Langer Trizepskopf: «Trizepsdrücken im Stand am Kabelzug mit Seil, Teilbewegungen ab 90° Ellbogengelenkwinkel». Seitlicher Trizepskopf: «Trizeps-Kickback einarmig gestreckt mit Kurzhanteln mit Retroversion, Adduktion und Endkontraktionen». Wer beide Übungen im Training einsetzt, absolviert ein perfektes, komplettes Trizepstraining.
- Die beste Komplexübung, die alle Trizepsanteile intensiv beansprucht, ist die Übung «Trizepsdrücken am Kabelzug mit Seil, Teilbewegungen ab 90° Ellbogengelenkwinkel».
- Die Übungen «Trizepsdrücken im Stand mit Kabelzugstange» und «Trizepsdrücken in Rückenlage auf der Bank mit SZ-Stange (French presses)» haben ebenfalls gute Komplexwirkung.
- Auch die Übung «Trizepsdrücken über Kopf im Sitz beidarmig oder einarmig mit Kurzhantel» hat eine gute Komplexwirkung, wobei der seitliche Trizepskopf intensiver und der lange Kopf geringer aktiviert werden.
- Bei den Übungen «Trizepsdrücken im Stand am Kabelzug» ist die Variante mit Teilbewegungen am Seil effektiver als mit einer Stange, wenn das Seil am Ende der Bewegung zur Seite neben die Oberschenkel gezogen wird. Der Einsatz einer gewinkelten Stange ist etwas günstiger als der einer gerade Stange.
- Die Übung «Liegestütz» in der schwersten Ausführung mit sehr enger Handstellung und körpernaher Oberarmführung ist für den seitlichen Trizepskopf sehr intensiv und für den langen Trizepskopf mittelmäßig intensiv. Sehr gut trainierte Personen schaffen deutlich mehr als zwölf Wiederholungen. Bei weniger trainierten oder übergewichtigen Personen und bei den meisten Frauen stellt die schwere Variante des Liegestützes eine hochintensive Trizepsübung dar.
- Bei der Übung «Trizepsdrücken am Kabelzug mit Griffstange mit vorgebeugtem Oberkörper» kann zwar wesentlich mehr Gewicht bewältigt werden; dennoch ist die Aktivierung beider Trizepsköpfe überraschend gering. Dies ist möglicherweise auf die geänderte Bewegungsführung zurückzuführen, die dem Bankdrücken bzw. den «Dips» ähnelt.
- Bei den folgenden häufig eingesetzten Trizepsübungen ist die Intensität deutlich geringer als bei den sechs Top-Übungen. Bei gleichem Gewicht aktiviert die Übung «Bankdrücken mit engem Griff» den Trizeps deutlich stärker als die Variante mit breitem Griff. Nach einer Standardisie-

rung der Gewichte (jeweils max. zwölf Wiederholungen) ermöglicht ein breiter Griff schwerere Lasten. In diesem Fall ist die Trizepsaktivierung beider Varianten etwa gleich. Bei der Übung «Stützbeugen (Dips)» wird der seitliche Trizepsanteil mittelmäßig hoch aktiviert, der lange Anteil relativ gering aktiviert.

Die besten Übungen im Detail

TRIZEPSDRÜCKEN IM STAND AM KABELZUG

Zugstange

Seil

Effektivität

- Die Übungsausführung mit dem Seil ist die Top-Übung für den langen Trizepskopf und die beste Komplexübung für den gesamten Trizeps.
- Teilbewegungen, wobei die Ellbogen nicht weiter als 90° gebeugt werden, sind effektiver als Bewegungen über die gesamte Bewegungsamplitude.
- Ein senkrechter Kabelverlauf ist im Vergleich zu einem schrägen Kabelverlauf günstiger. Je weiter entfernt vom Kabelzug der Stand gewählt wird, desto mehr wird der breite Rückenmuskel eingesetzt und desto geringer wird die Aktivierung des Trizeps. Es gelingt dann nur schwer, die Ellbogen am Körper zu fixieren, so dass die Oberarme bei der Beugung häufig etwas vor den Körper gezogen werden.
- Beim Trizepsdrücken am Kabelzug mit Griffstange ergibt die Verwendung einer gewinkelten Stange mit Drehgelenk möglicherweise einen kleinen Vorteil gegenüber einer geraden Stange.
- Die Durchführung des Trizepsdrückens mit Griffstange im Kammgriff (Handfläche zeigt nach oben) führt dazu, dass weniger Gewicht verwendet werden kann, da die Handextensoren nicht so stark stabilisieren kön-

nen wie die Handflexoren im Ristgriff. Die Übung ist daher im Kammgriff deutlich weniger effektiv und wenig sinnvoll.

Übungsausführung

- Stellen Sie sich im etwa schulterbreiten Stand oder in Schrittstellung mit leicht gebeugten Knien möglichst nah an den Kabelzug, sodass beim Üben ein senkrechter Kabelverlauf gewährleistet ist.
- Fassen Sie das Seil oder die Kabelzugstange, stabilisieren Sie die Handgelenke und spannen Sie die Rumpfmuskulatur an. Die Ellbogen sind am Körper fixiert. Strecken und beugen Sie die Arme im Wechsel.
- Die Ausführung mit dem Seil entfaltet ihre überlegene Wirksamkeit vor allem, wenn das Seil bei der Streckung der Arme nach seitlich außen gezogen wird.
- Die Übung kann auch einarmig durchgeführt werden, wobei der freie Arm den Körper am Kabelzug fixiert.

TRIZEPSDRÜCKEN AN DER MASCHINE

Effektivität

- Die Aktivierung des Trizeps durch diese Übung haben wir nicht gemessen. Sie dürfte in Abhängigkeit vom Maschinentyp ein intensives Training des Trizeps bewirken.

Übungsausführung

- Setzen Sie sich in die Maschine und richten Sie die Sitz- und Armposition so ein, dass das Ellbogengelenk mit dem Drehpunkt der Maschine auf einer Achse liegt.
- Legen Sie die Unterarme auf die Polsterung ab und fassen Sie die Griffe im Rist- oder Hammergriff (Handrücken zeigt nach oben oder außen).
- Strecken und beugen Sie die Arme kontrolliert.

TRIZEPS-KICKBACK GESTRECKT MIT KURZHANTEL EINARMIG ODER BEIDARMIG

gestreckter Arm

beidarmig

ohne Hantel beidarmig

einarmig

Effektivität
- Die Übung ist die Top-Übung für den seitlichen Trizepskopf und für diesen Trizepsanteil ca. 10 % effektiver als die zweitplatzierte Übung Trizepsdrücken am Kabelzug mit Seil. Sie ist für ein optimales komplettes Trizepstraining unverzichtbar. Für den langen Trizepskopf ist die Übung nur mittelmäßig intensiv.

Übungsausführung
- Knien Sie sich mit einem Bein auf die Schrägbank. Stabilisieren Sie sich mit dem Arm der gleichen Körperseite an der Lehne.
- Heben Sie den gestreckten Arm mit der Kurzhantel maximal nach hinten-oben. Legen Sie den Oberkörper so weit nach vorne, dass sich der maximal zurückgeführte Arm in horizontaler Lage (parallel zum Boden) befindet. In dieser Position kann mit dem längsten Hebelarm und der höchsten Aktivierung trainiert werden. Führen Sie zusätzlich den Arm maximal an den Körper heran (Adduktion).

- Bei der Top-Ausführung haben Sie Ihren Arm immer gestreckt und führen nur minimale Bewegungen des Armes nach hinten-oben durch.
- Bei der dynamischen Variante (etwas geringere Aktivierung) beugen und strecken Sie das Ellbogengelenk, ohne dass sich die Lage des Oberarms in maximaler Rückhebeposition verändert.
- Die Übungsvariante mit gestrecktem Arm kann auch ohne Hantel durchgeführt werden. Ballen Sie dabei Ihre Hand zur Faust und strecken Sie das Ellbogengelenk aktiv (Haltespannung).
- Die Übung kann auch beidarmig ausgeführt werden. Durch diese zeitsparende Variante wird ein Aufdrehen des Oberkörpers, das bei einarmiger Durchführung häufig auftritt, vermieden.

TRIZEPS-KICKBACK EINARMIG AM KABELZUG

Effektivität
- Die Übung dürfte ähnlich effektiv sein wie der Trizeps-Kickback mit Kurzhantel und gebeugtem Arm.

Übungsausführung
- Wählen Sie eine tiefe Kabelposition, stützen sie sich mit dem freien Arm am Gerät ab. Führen Sie den Oberarm maximal weit nach hinten-oben (Retroversion) und ziehen Sie ihn maximal an den Körper heran (Adduktion). Neigen Sie den Oberkörper so weit nach vorne, dass sich der Oberarm (bei maximaler Rückführung) in horizontaler Lage parallel zum Boden befindet. In dieser Position kann mit dem längsten Hebelarm und der höchsten Aktivierung trainiert werden.
- Stabilisieren Sie aktiv Ihr Handgelenk und heben und senken Sie den gestreckten Arm kontrolliert gegen den Widerstand.

TRIZEPSDRÜCKEN IN RÜCKENLAGE AUF DER BANK MIT SZ-STANGE (FRENCH PRESSES)

SZ-Stange

Effektivität
- Die Übung Trizepsdrücken im Liegen mit SZ-Hantel, bei Bodybuildern auch als «Nose-Braker-Übung» bezeichnet, ist eine gute Komplexübung für alle Trizepsanteile.

Übungsausführung
- Legen Sie sich in Rückenlage auf eine Flachbank. Die Beine können an den Bauch gezogen oder die Füße neben der Bank abgestellt werden.
- Senken Sie die SZ-Stange im Hammergriff in Richtung Kopf, so dass die Oberarme senkrecht sind und die Aussparung der SZ-Stange nach oben zeigt.
- Beugen und strecken Sie die Ellbogen.
- Wird die Übung mit einer Langhantel oder einer Kurzhantel beidarmig durchgeführt, ist die Bewegungsamplitude kleiner, weil die Hantel frühzeitig den Kopf berührt.

TRIZEPSDRÜCKEN ÜBER KOPF IM SITZ ODER STAND MIT KURZHANTEL

einarmig

beidarmig

Effektivität
- Das Trizepsdrücken über Kopf ist eine effektive Komplexübung, wobei die kurzen Anteile etwas stärker beansprucht werden als der lange Kopf.
- Die höchste Aktivierung erfolgt in der Hammergriffvariante, gefolgt von der Ausführung mit Unterarmdrehung in die Pronation.

Übungsausführung
- Setzen Sie sich mit geradem Rücken auf eine Bank oder wählen Sie einen etwa schulterbreiten Stand mit gebeugten Knien.
- Senken Sie die Kurzhantel in den Nacken, der Ellbogen zeigt nach vorne oben.
- Sie können den freien Arm so vor der Brust halten, dass die Hand den Oberarm des Trainingsarms von unten stabilisierend unterstützt. Alternativ können Sie auch den freien Arm hinter den Kopf führen, wobei die Hand ebenfalls den Oberarm des Trainingsarms abstützt.
- Der Trainingsarm bleibt während der Übungsausführung in dieser Position. Strecken und beugen Sie kontrolliert den Arm. In der Beugestellung darf die Muskelspannung nicht aufgegeben werden. Das Gewicht darf nicht in den Bändern hängen, was zu Ellbogenbeschwerden führen kann.
- Die Übung kann auch beidhändig mit einer entsprechend schwereren Kurzhantel durchgeführt werden.
- In der Trainingspraxis klagen einige Trainierende bei dieser Übung bisweilen über Schmerzen im Deltamuskel bzw. in der Schulter.

TRIZEPSDRÜCKEN ÜBER KOPF MIT SZ-HANTEL

Effektivität
- Da die SZ-Stange eine gute Stabilisierung erlaubt, dürfte die Übung etwas effektiver sein als das Trizepsdrücken über Kopf mit Kurzhantel.

Übungsausführung
- Fassen Sie im Sitz oder Stand die SZ-Hantel über dem Kopf, wobei Ihre Ellbogen nach oben zeigen.
- Stabilisieren Sie Ihre Rumpfmuskulatur und beugen und strecken Sie kontrolliert die Arme.
- Bei der Übungsausführung an der Maschine setzen Sie sich mit geradem Rücken an die Rückenlehne und fassen mit den Händen die Griffstangen über dem Kopf, wobei die Ellbogen nach oben zeigen.
- Beugen und strecken Sie kontrolliert die Arme.

Die besten Übungen – Arme

BANKDRÜCKEN WEIT / ENG / DIPS / LIEGESTÜTZ

weiter Griff

enger Griff

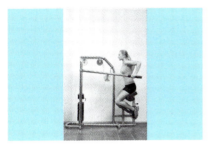

Dips

Liegestütz

Effektivität
- Die Übungen Bankdrücken eng und weit, Dips und Liegestütz sind weniger intensiv als die Spezialübungen.

Übungsausführung
- Detaillierte Übungsbeschreibungen finden Sie im Kapitel zum großen Brustmuskel (s. S. 44).

Die 15-Minuten-Top-Programme für den Oberkörper

Trainingstipps:
So finden Sie das passende
Top-Programm

Unsere Messergebnisse zeigen, dass nur wenige Übungen notwendig sind, um die gesamte Oberkörpermuskulatur optimal zu trainieren. Einige Top-Übungen sind Komplexübungen, die sich für mehrere Muskeln als hocheffektiv erwiesen haben.

Die Top-Trainingsprogramme für die Muskulatur des Oberkörpers werden in folgenden Varianten angeboten:

- «sanft» für Einsteiger, unterteilt in ein Programm ohne Geräte und ein Programm mit Geräten, und
- «intensiv» für Fortgeschrittene, unterteilt in ein Programm ohne Geräte und ein Programm mit Geräten.

Die Programme umfassen jeweils fünf Übungen, die nach einem kurzen Aufwärmen mit etwa 10 Wiederholungen pro Übung problemlos in nur 15 Minuten absolviert werden können. Hier einige Trainingstipps:

- Wählen Sie die Gewichte bzw. die Übungsvariante so, dass Sie etwa 8 bis 15 Wiederholungen schaffen bzw. etwa 30 Sekunden durchhalten. Erhöhen Sie die Widerstände kontinuierlich in dem Maße, wie Ihre Leistungsfähigkeit zunimmt.
- Führen Sie anfangs nur jeweils einen Satz von jeder Übung aus, um Ihre Muskulatur nicht zu überlasten. Das Einsatztraining hat sich als hocheffektive Trainingsmethode erwiesen. Nach etwa sechs Monaten kontinuierlichen Trainings können Fortgeschrittene von jeder Übung 2 bis 3 Sätze absolvieren.

- Trainieren Sie zweimal pro Woche und legen Sie zwischen den Trainingstagen jeweils mindestens zwei Tage Pause ein. Unsere Untersuchungen zur optimalen Trainingshäufigkeit haben ergeben, dass bereits ein Einsatztraining einmal pro Woche deutliche Erfolge bringt. Zweimaliges Training pro Woche verdoppelt jedoch den Trainingsgewinn nahezu, und dreimaliges Training pro Woche steigert den Zuwachs noch etwas mehr. Den optimalen Gewinn unter Berücksichtigung des Verhältnisses von Zeitaufwand zu Kraftgewinn erzielen Sie bei einem zweimaligen Training pro Woche.
- Erlernen Sie Übungen unbedingt exakt, bevor Sie sie mit höherer Belastung ausführen! Beginnen Sie mit leichten Gewichten, bis Sie die Übungen technisch korrekt beherrschen.
- Sollten beim Training Beschwerden auftreten, reduzieren Sie die Intensität oder wählen Sie eine andere Übung.
- Alle in den Trainingsprogrammen vorgestellten Übungen werden in den vorangegangenen Kapiteln detailliert erläutert. Bitte informieren Sie sich auf den angegebenen Seiten über die korrekte Übungsausführung und die Effektivität der jeweiligen Übung.

Sanft: 15-Minuten-Top-Programm mit Geräten

1. Brustpressen im Sitz an der Maschine (s. S. 47)

2. Reverse-Flys 90° mit innenrotierten Oberarmen an der Maschine (s. S. 69)

3. Armrückheben einarmig gestreckt auf der Schrägbank mit Kurzhanteln (s. S. 132)

4. Latissimus-Ziehen 135° (s. S. 99)

5. Armseitheben mit Kurzhanteln (s. S. 73) oder

Konzentrations-Curl im Sitz mit Kurzhantel (s. S. 112)

Sanft für zu Hause: 15-Minuten-Top-Programm ohne Geräte

1. Knieliegestütz (s. S. 48)
gestrecktes Hüftgelenk

gebeugtes Hüftgelenk

2. Reverse-Flys «Adler» mit Wechsel der Armposition zwischen 90° innenrotiert und 135° außenrotierten Oberarmen (s. S. 96)

Oberarme innenrotiert
und 90° abgespreizt

Oberarme außenrotiert
und 135° abgespreizt

3. Armseitheben in Seitlage (s. S. 73) oder Bizeps-Curl am Boden gegen Beinwiderstand (s. S. 111)

15-Minuten-Top-Programme 143

4. Lat-Drücken in Rückenlage, leichte und mittelschwere Variante
(s. S. 97)

5. Armrückheben beidarmig gestreckt im Knie-Ausfallschritt
(s. S. 132)

Intensiv: 15-Minuten-Top-Programm mit Geräten

1. Kabelziehen über Kreuz in Rückenlage auf der Flachbank (s. S. 50)

2. Rudern einarmig vorgebeugt mit Kammgriff mit Kurzhantel (s. S. 99)

3. Scott-Bizeps-Curls einarmig an der Schrägbank mit Kurzhantel (s. S. 115)

4. Reverse Flys 135° mit außenrotiertem Oberarm mit Kurzhanteln (s. S. 71)

5. Trizepsdrücken am Kabelzug (s. S. 130)

Intensiv für zu Hause: 15-Minuten-Top-Programm ohne Geräte

1. Liegestütz lang, gestreckt (s. S. 48)

2. Reverse-Flys 90° in Bauchlage mit innenrotierten Oberarmen (s. S. 79)

3. Lat-Drücken in Rückenlage (s. S. 97) schwere Variante

oder mittelschwere Variante

4. Konzentrationcurl gegen den Beinwiderstand (s. S. 111) schwere Variante

5. Stützbeugen rücklings am Boden mit gestrecktem Körper

Anhang

Literatur

Boeckh-Behrens, W.-U./Buskies, W.:
Gesundheitsorientiertes Fitnesstraining. Lüneburg 2002.

Boeckh-Behrens, W.-U./Buskies, W.:
Fitness-Krafttraining. Die besten Übungen und Methoden für Sport und Gesundheit. Reinbek bei Hamburg 2005.

Bocckh-Bchrens, W.-U./Buskics, W.:
Supertrainer Bauch. Reinbek bei Hamburg 2003.

Boeckh-Behrens, W.-U./Buskies, W.:
Supertrainer Beine und Po. Reinbek bei Hamburg 2003.

Boeckh-Behrens, W.-U./Buskies, W.:
Supertrainer Rücken. Reinbek bei Hamburg 2004.

Buskies, W.:
Sanftes Krafttraining – unter besonderer Berücksichtigung des subjektiven Belastungsempfindens. Köln 1999.

Buskies, W./Boeckh-Behrens, W.-U.:
Probleme bei der Steuerung der Trainingsintensität im Krafttraining auf der Basis von Maximalkrafttests. In: Leistungssport 29 (1999) 3, 4–8.

Gehrke, T.:
Sportanatomie. Reinbek bei Hamburg 1999

Weineck, J,:
Sportanatomie. Erlangen 2002.

Zipp P.:
Elektromyographie in der Biomechanik des Sports. In: Leistungssport 9 (1979), 288–294.

Die Autoren

Wend-Uwe Boeckh-Behrens, Akademischer Direktor am Institut für Sportwissenschaft der Universität Bayreuth, studierte Sport und Französisch an den Universitäten Würzburg und Besançon (Frankreich). Seit 1972 ist er Dozent für Sportwissenschaft an den Universitäten Würzburg und Bayreuth. Sein Interesse gilt v. a. der Trainingslehre, dem Bereich Gesundheit und Fitness und der Sportart Badminton. Mit Weitblick baute er bereits 1983 eine Ausbildung in Gesundheit und Fitness an der Universität Bayreuth auf, die heute bis zum European Master Degree in Health and Fitness führt. Den Schwerpunkt seiner Forschungstätigkeit bildet seit zwei Jahrzehnten das angewandte Fitnesstraining. Die innovativen Ergebnisse seiner zahlreichen empirischen Studien haben das Fitnesstraining z. T. revolutioniert und große Aufmerksamkeit gefunden. Seit 1993 arbeitet er an der Optimierung des Fitnesskrafttrainings mit Hilfe von elektromyographischen Messungen. Boeckh-Behrens ist nachgefragter Referent, anerkannter Ausbilder von Fitnesstrainern und erfolgreicher Autor zahlreicher Bücher und Artikel.

Wolfgang Buskies, Prof., Dr. Sportwiss., Dr. phil. habil., Jahrgang 1956, studierte Sportwissenschaft an der Deutschen Sporthochschule Köln und Biologie an der Universität Köln. Im Anschluss an sein Studium und eine einjährige krankengymnastische Ausbildung promovierte er 1987 an der Deutschen Sporthochschule Köln mit den Fächern Trainings- und Bewegungslehre sowie Sportmedizin zum Dr. Sportwiss., 1998 erfolgte die Habilitation zum Dr. phil. habil. in Sportwissenschaft an der Universität Bayreuth. Seit 1987 ist er Dozent/Hochschullehrer am Institut für Sportwissenschaft der Universität Bayreuth mit den Ausbildungs- und Forschungsschwerpunkten Gesundheit und Fitness, Trainingslehre sowie Sportmedizin. Zusätzlich ist er seit vielen Jahren Referent in der Fitnesstrainer- und Rückenschulleiterausbildung. Als ehemaliger Leistungssportler in der Leichtathletik und aufgrund langjährigen Trainertätigkeit ist er auch Fachmann in Fragen des leistungssportlichen Trainings. Er ist Verfasser zahlreicher Publikationen zu sportwissenschaftlichen Fragestellungen, v. a. zum Kraft- und Ausdauertraining.

Sehr herzlich bedanken wir uns bei den zahlreichen Probanden der Untersuchungen, den Models J. Autenried, J. Scherzer, A. Wenk, M. Höfler, M. Knopf, T. Lemke, Markus Walter und Volker Hummel sowie den folgenden Studenten/innen, die durch ihre Mitarbeit dieses Buch erst möglich gemacht haben: A. Berger, S. Bohne, S. Halser, F. Heger, G. Humburg, St. Mutke, S. Raab, M. Roman, A.-K. Stengel. Besonders wertvolle Hilfe leistete unser brasilianischer Kollege Kleber Brum de Sà.

© Horst Lichte

Krafttraining
Kompetente Ratschläge, Tipps und Antworten für Fitness und Bodybuilding

Wend-Uwe Boeckh-Behrens
maxxF. Das Super-Krafttraining
Hocheffektiver Muskelaufbau, intensiver Fettabbau, Basic- und Komplexprogramme
rororo 61077

Wend-Uwe Boeckh-Behrens/
Wolfgang Buskies
Fitness-Krafttraining
Die besten Übungen und Methoden für Sport und Gesundheit
rororo 19481

Supertrainer Bauch
Die effektivsten Übungen
rororo 61028

Berend Breitenstein
Bodybuilding: Massive Muskeln
*Die besten Übungen.
Schritt-für-Schritt-Fotos.
Mit 90-Tage-Programm*
rororo 61038

Berend Breitenstein
Die Kraftküche
*Einfach, schmackhaft, gesund.
Die besten Rezepte für Fatburning und Muskelaufbau*
rororo 19496

Die Bodybuilding-Bibel
Natürlich, erfolgreich, gesund.

rororo 61078

Weitere Informationen in der Rowohlt Revue oder unter www.rororo.de

Lesen, fertig, los!
Die besten Titel zum Trendsport Laufen

Thomas Steffens/
Martin Grüning
Das Laufbuch
Training, Technik, Ausrüstung
rororo 19465

Marathon
Die besten Programme
Die perfekte Gebrauchsanweisung
für effektives Training
rororo 61010

Lauftrainer 5 bis 10 Kilometer
Die besten Trainings-Programme
rororo 61018

Laufen – die 100 besten Tipps
*Technik und Training. Fitness und
Ernährung.*
rororo 61037

Laufen – Das Einsteigerbuch
*Die besten Tipps für Anfänger.
Leichte Trainingspläne.*
rororo 61030

Amby Burfoot
Laufen
Das große Buch für Anfänger
rororo 61073

Das große Buch vom Laufen
*Der beste Einstieg – und wie es
weitergeht. Kraft, Ausdauer und
Schnelligkeit steigern. Verletzungen
vorbeugen. Der Weg zum Marathon*

rororo 61057

Weitere Informationen in der Rowohlt Revue *oder unter* www.rororo.de

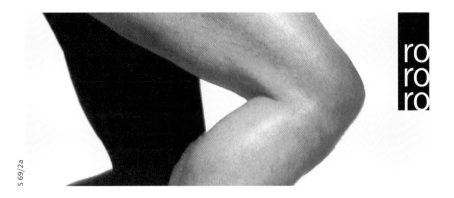

Fit & gesund mit rororo

Help yourself: der leichte Weg zum Wohlbefinden

Hans-Dieter Kempf
Die Rückenschule
Das ganzheitliche Programm für einen gesunden Rücken
Vollständig überarbeitete Neuausgabe des Bestsellers.
Jeder zweite von uns hat Rückenprobleme, aber es ist ganz leicht, Ihrem Körper und besonders Ihrem Rücken etwas Gutes zu tun. rororo 62346

Rückentraining mit dem Thera-Band®
Fit und gesund mit Kleingeräten
rororo 61001

Trainingsbuch Thera-Band®
Das Programm für Fitness und Gesundheit. rororo 19452

Prof. Dr. Joachim Grifka
Die Schulterschule
Selbsthilfe bei Schulterbeschwerden.
rororo 61056

Die kleine Knieschule
rororo 62344

Prof. Dr. Joachim Grifka
Die Knieschule
Selbsthilfe bei Kniebeschwerden
Beschwerden, Erkrankungen und Verletzungen des Kniegelenks können auf einfache Weise behandelt werden. Vieles liegt dabei in der Hand des Betroffenen.

rororo 61025

Weitere Informationen in der Rowohlt Revue oder unter www.rororo.de

Kompetente Ratschläge, Tipps und Antworten für ein gesundes Leben

Petra Lukasch
Leichter durchs Leben
*Ohne Diät für immer schlank.
Erfolgsrezepte einer Bäckersfrau*
rororo 62324

Dr. Johannes G. Mayer
Das geheime Heilwissen der Klosterfrauen. rororo 62373

Ann Gillanders
**Reflexzonenmassage –
fit in 5 Minuten**
rororo 61504

Uta König
Wir wollen ein Baby
rororo 61561

Mechthild Scheffer
**Die Original Bach-Blüten-
Therapie zur Selbstdiagnose**
rororo 61939

Geneen Roth
Essen als Ersatz
Wie man den Teufelskreis durchbricht
rororo 61965

Hans-Dieter Kempf/
Dr. Jürgen Fischer
Rückenschule für Kinder
rororo 61727

Silke Schwartau/Armin Valet
Vorsicht Supermarkt!
Wie wir verführt und betrogen werden

rororo 62315

Weitere Informationen in der Rowohlt Revue oder unter www.rororo.de

rororo Sport

Fitness für alle

Christoph Anrich
Supertrainer Stretching und Beweglichkeit
rororo 61047

Wend-Uwe Boeckh-Behrens
maxxF
Das Super-Krafttraining
rororo 61077

Ole Petersen/Sonia Goretzki
Der Fatburner
Fett verbrennen – dauerhaft abnehmen
rororo 61014

Alan Herdman
Pilates einfach und wirksam
Die Step-by-Step-Anleitung für zu Hause und unterwegs
rororo 61664

Hans-Dieter Kempf
Trainingsbuch Fitnessball
Gesunder Körper – gesunder Rücken.
rororo 19464

Doris Burger
Walking mit Nordic Walking
Mit Einsteigerprogramm
rororo 61049

Power-Nordic Walking
Technikcheck und Trainingspläne
rororo 61049

Vital: Nordic Walking
Richtig fit und gesund

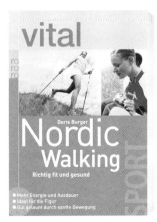

rororo 61950

Weitere Informationen in der Rowohlt Revue oder unter www.rororo.de